社会化标注系统中个性化信息推荐模型研究

武慧娟　著

科学出版社

北京

内 容 简 介

个性化信息推荐是充分利用互联网上用户产生的数据来解决目前的个性化信息服务问题的有效方法,本书针对社会化标注系统中的个性化信息推荐模型问题展开研究,在综述"社会化标注系统""个性化信息推荐"的基础上,对国内外"社会化标注系统中的个性化信息推荐模型"的研究现状进行分析,通过自组织理论、社会网络分析理论、系统动力学等理论与方法,围绕社会化标注系统的演化过程、用户关系网络、个性化信息推荐模型构建等核心问题进行详细分析,最后从静态、动态两个角度分别构建社会化标注系统中的个性化信息推荐模型。

本书可供从事信息管理和应用、信息系统设计与开发、企业信息系统等相关领域的人员参考,也可作为高等院校信息管理系统、计算机应用、电子商务等专业的高年级本科生和研究生的教学参考书。

图书在版编目(CIP)数据

社会化标注系统中个性化信息推荐模型研究/武慧娟著. —北京:科学出版社,2016.3
ISBN 978-7-03-047417-9

Ⅰ. ①社… Ⅱ. ①武… Ⅲ. ①社会化—信息管理—研究
Ⅳ. ①G203

中国版本图书馆 CIP 数据核字(2016)第 038542 号

责任编辑:王 哲 董素芹 / 责任校对:包志虹
责任印制:张 倩 / 封面设计:迷底书装

科 学 出 版 社 出版
北京东黄城根北街 16 号
邮政编码:100717
http://www.sciencep.com

新科印刷有限公司 印刷
科学出版社发行 各地新华书店经销

*

2016 年 3 月第 一 版   开本:720×1 000 1/16
2016 年 3 月第一次印刷   印张:8 1/2
字数:158 000
定价:45.00 元
(如有印装质量问题,我社负责调换)

前　　言

在 Web 3.0 时代，人们不再满足由机器挖掘给用户的各种信息，而是要结合自身的偏好享用个性化的信息服务，无论是产品还是服务，都将为每个用户量身打造，信息世界将变得越来越聪明和智能，似乎比用户还了解他想要的是什么，这就是个性化的信息服务，即 Web 3.0 的内涵。因此，如何在浩如烟海的信息中寻求个性化的信息，是目前学术界需要解决的热点研究问题。同时，随着互联网的产生和使用，用户在社会化标注系统（Web 页面）上产生了大量的代表自己个性化信息的数据，那么如何充分利用用户产生的数据来解决目前的个性化信息服务问题，就成了情报学术界研究的一个热点学术问题。

社会化标注系统主要是以"用户-资源-标签"三元关系为研究对象的典型复杂动态网络，用户可以根据个人的需要自由选择词汇对所喜爱的资源进行标注，每添加一个词汇称为对资源添加一个标签，用户、资源和标签组成了社会化标注系统的三个基本元素。从这三个最基本的组成元素开始，从中提炼用户的个性化信息，进而形成个性化信息推荐，成为本书的研究起点。

本书是教育部人文社会科学研究青年基金项目（项目编号：15YJC870024）的成果之一，针对社会化标注系统中的个性化信息推荐模型问题展开研究，在综述"社会化标注系统""个性化信息推荐"的基础上，对国内外"社会化标注系统中的个性化信息推荐模型"研究现状进行分析，通过自组织理论、社会网络分析理论、系统动力学等理论与方法围绕社会化标注系统的演化过程、用户关系网络、个性化信息推荐模型构建等核心问题进行详细分析，本书内容比较新颖，反映了作者多年来的研究成果。

本书研究的内容主要分为五大部分。

（1）研究目前国内外社会化标注系统、个性化信息推荐两方面的研究进展，分析研究的热点与前沿问题，掌握在具体的研究中其所面临的不足，然后从不足处展开，形成本书所要研究的起点，即利用社会网络分析研究用户关系网络，作为分析个性化信息推荐的逻辑起点。

（2）研究社会化标注系统的演化形式和耗散结构。对社会化标注系统中的用户、资源、标签以及三者之间的关系进行分析，利用自组织理论研究社会化标注系统的演化机理，具体使用超循环和耗散结构分别分析系统中的用户、标签、资源各自的演化形式和系统的多层级耗散结构。

（3）分析社会化标注系统中的用户关系网络。主要分析用户关系网络的结构特征，如网络密度、核心-边缘结构、中心性等，同时，从用户关系网络中挖掘凝聚子群的各种信息偏好，从两个角度（群内和群际）对信息进行分析，发现个性化的信息。

（4）构建社会化标注系统中的个性化信息推荐模型。从静态、动态两个角度分别构建社会化标注系统中的个性化信息推荐模型；然后利用系统动力学绘制个性化信息推荐的系统模型，主要由系统的因果关系和系统流图两个步骤构成。

（5）对个性化信息推荐进行实证研究，首先从豆瓣网中抓取数据，然后对其进行自组织演化、用户关系网络结构分析、个性化信息推荐模型构建等。

本书的创新点体现在如下两个方面。

（1）研究视角的创新。

从社会网络的角度研究在用户标注行为中产生的用户关系网络，从中提取个性化信息，并从群内和群际两个角度进行个性化信息推荐分析。当前的相关研究主要局限于社会化标注系统的网络结构分析，少部分研究涉及了凝聚子群，群内和群际信息推荐的研究成果几乎没有。因此，本书为个性化信息推荐问题的研究引入了全新的分析视角。

（2）研究内容的创新。

采用"移植"借鉴的方法，通过科学"移植"信息科学领域的经典理论，对社会化标注系统中的个性化信息推荐模型进行深入研究，创新认识，具体体现在：根据自组织理论提出社会化标注系统的超循环演化形式和多层级耗散结构，深化系统演化的过程，为模型建立打下深厚的理论基础；根据社会网络分析理论提出基于群内的个性化信息推荐和基于群外的个性化信息推荐两种推荐方法，深化了方法论思想；构建个性化信息推荐模型的静态模型和动态模型，并运用系统动力学对个性化信息推荐模型进行动力学影响因素分析，提高了模型化的程度。

本书的研究结论具体如下。

（1）基于自组织理论的社会化标注系统的演化形式遵循超循环理论，同时具有层级耗散结构特征。社会化标注系统具有自组织系统的开放性、远离平衡态、非线性相关性、随机涨落等特征；然后运用超循环理论分别对用户集、资源集、标签集和社会化标注系统的自组织演化机理进行了探讨，并构建了社会化标注系统的自组织演化模型；最后根据耗散结构理论，从多层级的角度，对社会化标注系统的序化形成过程进行研究，提出了系统序化的平衡极点。

（2）从社会网络分析的角度，可以发现社会化标注系统的用户关系网络结构和凝聚子群。主要分析了用于关系网络的网络密度、核心-边缘结构、中心性等，还分析了用户关系网络的凝聚子群，利用块模型的"结构对等性"对行动者进行聚类，利用 K-核分析对块模型进行补充，利用结构洞方法发现存在结构洞的用户，即基于群际的用户。

（3）社会化标注系统中的个性化信息推荐模型可以分为静态模型和动态模型来构建。首先从系统学的角度研究构成个性化信息推荐系统的六大要素；然后在遵循构建概念的原则下，构建了个性化信息推荐的静态模型和动态模型；最后利用系统动力学对个性化信息推荐的模型进行影响因素分析，即当网络的密度较小时，基于群内的个性化信息推荐与基于群际的个性化信息推荐受网络密度的影响较大；当网络的密度较大时，基于群内的个性化信息推荐受核心人物的影响较大，基于群际的个性化信息推荐受图的中心势值的影响较大。

本书获得了教育部人文社会科学研究青年基金项目（项目编号：15YJC870024）、东北电力大学博士科研启动基金项目（项目编号：BSJXM-201420）、东北电力大学"十二五"科研提升工程资助计划项目——软科学及人文社会科学专项资助计划项目（项目编号：TSSK-201405）的支持。

在本书的写作过程中参考了许多国内外的研究成果，并尽可能详细地在书中列出，在此对参考文献的作者表示真诚的感谢，也可能因为多方面的原因而有所疏漏，恳请读者批评、指正。

武慧娟

2016 年 1 月

目　　录

第1章 绪　　论

1.1　研　究　背　景

1. Web 3.0 内涵

2005 年，Bill Gates 提出了互联网新的概念模式——Web 3.0，这一概念的提出引起了学术界和企业界的巨大反响，接下来，专家学者开始对 Web 3.0 的概念和特征进行描述。2007 年，瑞达网络（Radar Networks）公司的创始人 Spivak 认为：Web 3.0 可以描绘互联网发展的第 3 个十年，即 2010～2020 年，如图 1.1[1]所示。

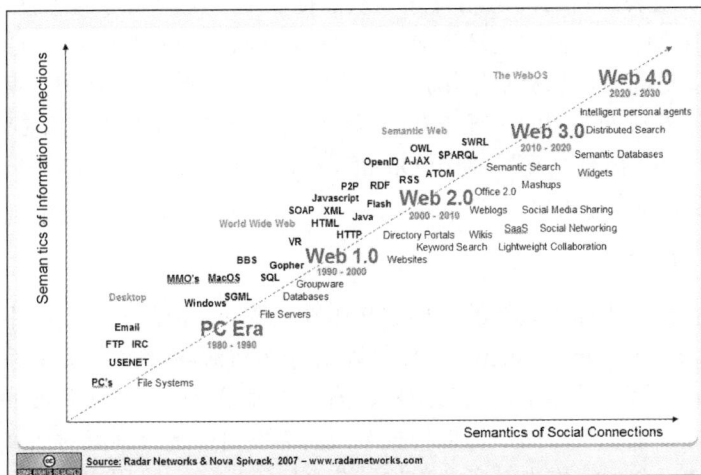

图 1.1　Web 发展史

从互联网发明开始，即 1990～2000 年，人类进入了 Web 1.0 的时代，用户通过各种门户网站的搜索引擎，快速地搜索任何想要的资源，这些资源以文本、视频、声音等多种类型的文件出现，所以 Web 1.0 时代解决了"搜索、下载"的问题。2000～2010 年，人类进入了 Web 2.0 的时代，用户可以在网上共同参与一个游戏，共同解决一个问题，一夜之间全民都学会了偷菜，所以 Web 2.0 的时代解决了"参与、互动"的问题。2010～2020 年，用户急需在杂乱无章的信息中寻找适合自己的、精准的、高效的信息，即个性化的信息服务面世，其中主要使用语义网、资源描述框架（Resource Description Framework，RDF）、OpenID、应用程序编程接口（Application Programming Interface，API）、Mash-up 等技术进行个性化的信息服务。

　　Web 3.0 用于信息服务的关键技术主要有 OpenAPI、OpenID、Mash-up 等。其中 OpenAPI 主要实现了不同程序应用平台之间数据的共享，可以容纳更多的第三方应用[2]，实现信息的聚合；使用 OpenID 技术可以使用户通过一个统一资源定位符（Uniform Resource Locator，URL）用户名进行身份的识别，同时可以进入相互兼容的不同平台，既方便了后台对用户的管理，又增强了用户的体验感；Mash-up 是一个 Web 应用程序，它集成了来自多个信息源的内容并将其交付到一个页面中进行显示，服务器向每个内容源发出请求，解析收到的信息，并将结果综合到一个页面中发给浏览器[3]。

　　文献[4]指出 Web 3.0 的核心思想就是：Web 3.0 不仅是使用 RDF、OWL（Web Ontology Language）、SPARQL（Simple Protocol and RDF Query Language）标准技术产生的、可以作为各种应用程序数据库的智能化网络，而且是对于 Web 2.0 深入发展的结果，是对当前开源软件、资源共享、广泛参与等互联网观念的升华，是本体技术和知识组织观念在网络空间中的延伸和深入发展。文献[5]指出 Web 3.0 的特征有四个，分别是"个性化的信息聚合"，即使用 Mash-up 对轻量级的内容进行集成，用户可以根据自己的需要组装出自己的应用程序，从而提供基于用户偏好的个性化聚合服务；"信息检索的高精准度"，使用用户生成内容（User-Gener-ated Content，UGC）的筛选性分离出可信度更高的信息提供给用户；"搜索引擎的智能化"，使用语义网让人与机器之间的沟通像人与人之间的沟通一样顺畅，自动聚合各种内容和应用；"多种终端平台、跨网站和跨语言信息交互"，使用 OpenID 身份识别框架让用户在不同的平台上进行信息交互，实现无国界的沟通。

　　2. 社会化标注系统

　　目前，有关社会化标注系统的严格定义还没有统一，但从相关文献中分析，社会化标注系统（social tagging system）主要是以"用户-资源-标签"三元关系为研究对象的典型复杂动态网络，具体是从内部结构、演化机理和应用三方面开展的一个研究方向。在社会化标注系统中，用户可以根据个人的需要自由选择词汇对所喜爱的资源进行标注，每添加一个词汇称为对资源添加一个"标签"（tag），用户、资源和标签组成了社会化标注系统的三个基本元素。

　　社会化标注自从产生后就得到了大众的广泛关注，情报学、图书馆、博物馆等信息组织领域和计算机、信息构建等信息技术领域的学者都对社会化标注产生了浓厚的兴趣。目前，国内外对社会化标注的概念仍然没有一个统一的定义，国外社会化标注（social tagging）等同于 Folksonomy、Collaborative Tagging、Social Classification、Social Indexing，在我国称为大众分类法、公众分类法、民俗分类法和合作标注等，这主要是从标签的分类角度来研究的。但是标签是由用户对某个资源标注的，体现了用户、资源、标签是一个完整的系统，所以对 Folksonomy 的研究是建立在社会化标注系统的内容结构基础之上的。

3. 信息推荐

信息推荐指的是通过某种过滤技术将满足用户信息需求的信息通过某种方式推荐给相关的用户，更常见的是将最新的满足需求的信息推荐给用户[6]。这里强调的是"最新的满足需求的信息"，而目前的状况却是用户面对的信息很多，但却不是他想要的。那么如何将用户想要的信息推荐给他，并且使他满意，这就是个性化的信息推荐服务的实质。

例如，在一个阳光明媚的周日上午，当用户端起一杯咖啡，打开笔记本电脑浏览当日的新闻时，网站展示给用户的已经不是那些与他毫不相关、让他毫无兴趣的"垃圾"新闻了，取而代之的是他一直在关注的房价拐点问题和他的股票池中重仓持有的中信证券的最新财报。相应的广告也不再是千篇一律的"减肥、美白"等让他看都不想看就想关掉的内容，取而代之的是他刚刚开始练习钢琴的一些培训班、销售钢琴的店铺打折消息等。所以在 Web 3.0 时代，如何根据用户的信息需求、兴趣模式、情境模式、用户之间的关系来推荐用户感兴趣的信息、服务、产品等，即如何满足用户个性化的需求，帮助用户在过载信息中快速发现真正所需的商品，提高用户黏性，促进信息点击和商品销售，是 Web 3.0 时代急需解决的问题[7]。

在国外，SCI（Science Citation Index）的研究论文检索结果显示信息推荐自 2000 年以来逐渐成为研究的热点，2004 年达到一个小高峰，以此为界分为两个阶段；2005 年有明显的回落，然后又逐年上升，直到 2009 年再次达到顶峰。根据研究内容得知，2004 年以前的研究主要是单纯的用户需求分析和信息内容组织基础上的推荐，即用户需求与信息内容的匹配；从 2005 年起，研究逐渐转向通过挖掘信息之间的关系、用户之间的关系甚至用户和信息的关系，进一步提高推荐的效率和效果[8]。在国内，从中国知网学术期刊网络出版和万方数字知识服务平台的知识脉络分析可知，个性化信息推荐自从 2001 年开始被国内学者研究以来，逐渐引起了学者的注意，总体上，国内比国外的研究要稍晚一些，具体如图 1.2 所示。

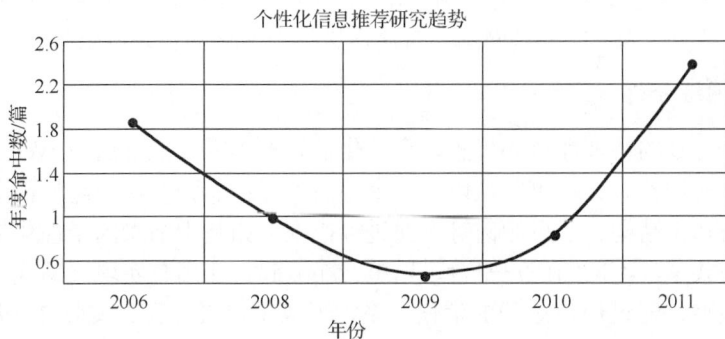

图 1.2 万方个性化信息推荐研究趋势

目前研究信息推荐的理论主要有复杂网络理论、用户行为学、社会化标注理论等。文献[9]将复杂网络理论引入图书馆个性化信息服务的实际问题中，探讨在复杂网络理论下个性化信息推荐服务的模型。文献[10]利用行为学理论中的效用、声誉和风险态度提出个性化信息推荐模型。文献[11]将众多用户与信息资源联系起来,形成用户与资源的关系网络,更好地进行信息推荐。还有利用标签可以进行用户聚类[12]、资源聚类[13],或者通过网络的共现建立用户聚类[14]等。

目前研究信息推荐的理论主要是协同过滤、内容分析、关联规则。

(1)协同过滤是最早提出的,研究最深入、商业应用最广泛。它服务的对象是个体,却利用了所有用户或商品的信息,并从中发现品味相近的用户或属性相近的商品,据此构造经过排序的推荐列表。

(2)内容分析在最初只是协同推荐技术的延续与发展,它不需要用户对项目的任何评价意见,而是依据用户已经选择的商品内容信息计算用户之间的相似性,进而进行相应的推荐。目前很多网站的信息推荐都是通过分析商品的文本信息进行推荐的。

(3)关联规则挖掘的根本目的是寻找商品销售记录的相关性,从而更好地知道销售策略的制定。挖掘物品在空间上的相关性,即发现同时被访问或购买的物品,据此为用户推荐。商品之间的关联规则可以分为空间关联和时间关联两种,时间关联又可以分为周期关联和顺序关联两种。

有学者提出一些相关方法,如矩阵分解、潜层语义分析、能力扩散与热传导等来提高算法的精度。还有学者提出混合推荐,就是综合运用以上多种推荐算法进行推荐,不同算法之间可以取长补短,但增加了一定的复杂性,而且推荐结果也不容易解释。

总体上,目前的信息推荐主要从基于商品和基于用户两个角度来进行个性化的信息推荐,基于商品主要是通过商品之间的关联度,来判断被用户购买过的某一商品,可能也会购买与这个商品相关联的其他商品,使用到的技术有协同过滤、内容分析、关联规则等。基于用户主要是通过判断用户之间的相似性,即判断单用户属于的群体,于是把群体的信息资源推荐给群内的单用户,使用到的技术主要是协同过滤,它主要是通过分析用户的购买记录历史,判断用户之间的相似性,如使用协同过滤技术的Jason Olim 领导的音乐 CD 零售网站,对用户进行个性化的音乐专辑推荐。

4. 社会网络分析

面对 Web 3.0 的特征和核心思想,个性化信息推荐需要能够适应 Web 3.0 的特征而进行个性化的推荐。具体可以从以下三个方面加强:加强对用户隐性需求的理解,要根据用户的知识结构、心里倾向等方面进行挖掘,如基于情景的个性化推荐;加强信息的交流与共享,不同的门户平台可以整合在一起,让用户实现一站式服务;建立多用户兴趣模型,通过用户之间的信任关系,形成用户兴趣群。文献[15]提出了基于信任的社会化推荐系统的模型,文献[16]提出了基于信任、社会关系和语义分析的综合博客推荐方法,从以上三方面可以看出,Web 3.0 需要对用户进行各方面的挖掘,如用户的隐性知识、用户的兴趣、用户的关系等,而基于社会化网络分析的个性化信息推荐是目前信息推荐研究的热点问题。

科学网的研究结果显示，"与家庭成员相比，朋友会对人的行为和发展产生更深远的影响[17]"，这说明社会关系对人的决定的影响是非常大的。它的核心是以用户关系为中心，建立用户关系网络模型，对关系结构进行分析，挖掘对信息推荐有益的知识，增加用户的滞留时间，提高用户黏性。

综上，在 Web 3.0 时代，人们不再满足由机器挖掘给用户的各种信息，而是要结合自身的偏好享用个性化的信息服务，无论是产品还是服务，都将为每个用户量身打造，信息世界将变得越来越聪明和智能。而目前的个性化信息推荐不能满足从用户关系的角度进行协同推荐的需求，所以本书是在 Web 3.0 的客观需求和目前的信息推荐理论无法满足需求的背景下，挖掘社会化标注系统中隐含的用户关系网络信息，利用社会网络分析理论对社会化标注系统中的个性化信息推荐进行研究分析。

1.2　研究目的与意义

1.2.1　研究目的

本书的研究目的主要就是构建基于社会化标注系统的个性化信息推荐模型，解决当前 Web 环境下个性化信息推荐所面临的信息推荐准确率低、数据稀疏、冷启动等诸多问题。

目前，基于社会化标注系统的个性化信息推荐的相关研究多是分散的、应用性的，而系统的、理论的方法较少。本书通过自组织理论详细分析了社会化标注系统的演化形式和结构，在此基础上，利用社会网络分析方法对社会化标注系统中的用户关系网络结构和凝聚子群进行分析，并构建个性化信息推荐的静态模型和动态模型，最后利用系统动力学对信息推荐模型进行动力学影响因素分析。

1.2.2　研究意义

本书的研究意义主要体现在理论与实践两个方面。

（1）理论意义。从理论角度看，目前在社会化标注系统中研究个性化信息推荐处于刚刚起步阶段，至今仍没有形成一个统一的理论框架。本书在对社会化标注系统的形成、演进等进行系统科学的分析基础上，通过对社会化标注系统内的用户关系网络信息进行挖掘，发现用户关系网络的结构特征和凝聚子群；从系统学的角度构建个性化信息推荐的静态和动态模型。因此，本书的研究成果一方面将极大地丰富当前个性化信息推荐的理论体系，为个性化信息推荐研究的纵深拓展提供新的思路；另一方面，将在一定程度上完善信息服务的过程，进一步丰富信息服务的基本理论与方法，为信息服务创新提供借鉴，对推进情报学的学科发展具有重要的学科价值。

（2）实践意义。从实践角度看，随着 Web 3.0 的发展，社会化标注系统中的信息急剧增长，急需个性化信息推荐的相关理论进行指导。利用社会化网络分析技术实现个性化信息推荐能够有效缓解互联网带来的"信息泛滥""信息迷航"等问题。对社会化标注系统用户来说，特别有利于他们获取相关的信息资源，以提高他们的信息获取能力；对各类社会化标注站点来说，可以有效提高自适应能力，能够动态满足系统用户的信息需求，从而提高站点的竞争力。总体上，本书的研究结果将对各类社会化标注系统的应用和发展起到良好的启示作用，并对各种电子商务运营商和用户起到重要的理论指导意义。

1.3 研究内容

在全面研究国内外相关学术成果的基础上，按照标准的"理论研究—实证研究"研究范式，应用了情报学、文献计量学、系统学、复杂网络等理论知识作为研究的理论基础，首先分析社会化标注系统的形成、演化过程；然后深入研究社会化标注系统中形成的用户关系的网络结构，进一步挖掘关系网络中蕴涵的个性化用户信息，先从静态和动态的角度构建个性化信息推荐模型，后从系统动力学的角度构建个性化信息推荐系统模型；最后利用豆瓣网的统计数据进行全面的实证研究。

主要分为五大部分，如下。

(1) 研究目前国内外社会化标注系统、个性化信息推荐两方面的研究进展，分析研究的热点与前沿问题，掌握在具体的研究中其所面临的不足，然后从不足处展开，形成本书所要研究的起点，即利用社会网络分析研究用户关系网络，作为分析个性化信息推荐的逻辑起点。

(2) 研究社会化标注系统的演化形式和耗散结构。对社会化标注系统中的用户、资源、标签和三者之间的关系进行分析，利用自组织理论研究社会化标注系统的演化机理，具体使用超循环和耗散结构分别分析系统中的用户、标签、资源的各自演化形式和多层级耗散结构。

(3) 分析社会化标注系统中的用户关系网络。首先，基于马斯洛需求理论分析了用户信息需求的形成，在信息需求的推动下，用户之间形成了错综复杂的关系，即社会化标注系统中用户关系网络的形成。然后，分析用户关系网络的结构特征，如网络密度、核心-边缘、中心性等；进一步，从用户关系网络中挖掘凝聚子群的各种信息偏好，从两个角度（群内和群际）对信息进行分析，发现个性化的信息。

(4) 构建社会化标注系统中的个性化信息推荐模型。从静态、动态两个角度分别构建社会化标注系统中的个性化信息推荐模型。其中，静态模型主要从系统学的角度展开，动态模型主要从信息推荐的过程角度展开；然后利用系统动力学绘制个性化信息推荐模型，具体由系统的因果关系和系统流图两个内容构成。

(5) 对个性化信息推荐进行实证研究，首先从豆瓣网中抓取数据，然后对前面的系统自组织演化、用户关系网络结构分析、个性化信息推荐模型共三个方面进行整体实证研究。

1.4　研究方法与技术路线

1.4.1　研究方法

本书采用的研究方法主要如下。

（1）文献分析与统计分析相结合。

本书采用了科学的文献计量方法——知识图谱，对大量的国外文献进行梳理与归纳，掌握了国外社会化标注系统研究和个性化信息推荐研究的知识基础、研究热点和研究前沿，了解了目前存在的问题；同时分析国内两个领域的研究现状和存在的问题，以此为依据，展开理论研究。在最后的实证阶段，收集豆瓣网的实际数据，用统计学的方法对调查结果进行整理与分析，获取研究所需的数据，进行实证分析。

（2）整体分析与局部分析相结合。

本书首先从系统学的角度整体上分析了社会化标注系统的形成和演化，它是由用户、资源、标签和他们之间的关系构成的一个有机整体，遵循超循环和耗散的演化过程；然后从整体到局部，具体分析社会化标注系统中的用户关系网络，研究网络的结构特性和凝聚子群等，发现个性化的用户信息；最后由局部构成整体，构建社会化标注系统中的个性化信息推荐模型，全书逻辑关系较强，思维缜密，体现了由整体到局部再到整体的演绎与归纳思想。

（3）定性分析与定量分析相结合。

在实际的研究工作中，定性分析与定量分析并不能完全划分开来，定性分析是定量分析的前提，没有定性的定量是一种盲目的、毫无价值的定量；定量分析是定性分析的具体化，它使定性更加科学、准确，促使定性分析得出广泛而深入的结论。本书首先在文献分析中，采用了定量分析（知识图谱）和定性分析相结合的方法对文献进行了梳理；然后在分析社会化标注系统的形成和演化机理时采用了定性分析方法（超循环和耗散结构），最后采用了定性与定量相结合（系统学和系统动力学）的方法对个性化信息推荐动态模型进行构建。

（4）理论分析与实证分析相结合。

理论分析法和实证分析法是两种相互联系又相互区别的研究方法。理论分析法是通过已有的相关理论对提出的问题进行逻辑上的分析，提出拟解决问题的办法；实证分析法是通过对客观存在的事物进行验证来概括和说明理论分析中提出的假设是否正确，主要说明研究对象"是什么"。本书在相关理论的支撑下，对社会化标注系统进行分析研究，提出个性化信息推荐模型，最后通过实证的方法进行验证。

1.4.2　技术路线

按照本书的研究内容，绘制相应的技术路线图，具体如图 1.3 所示。

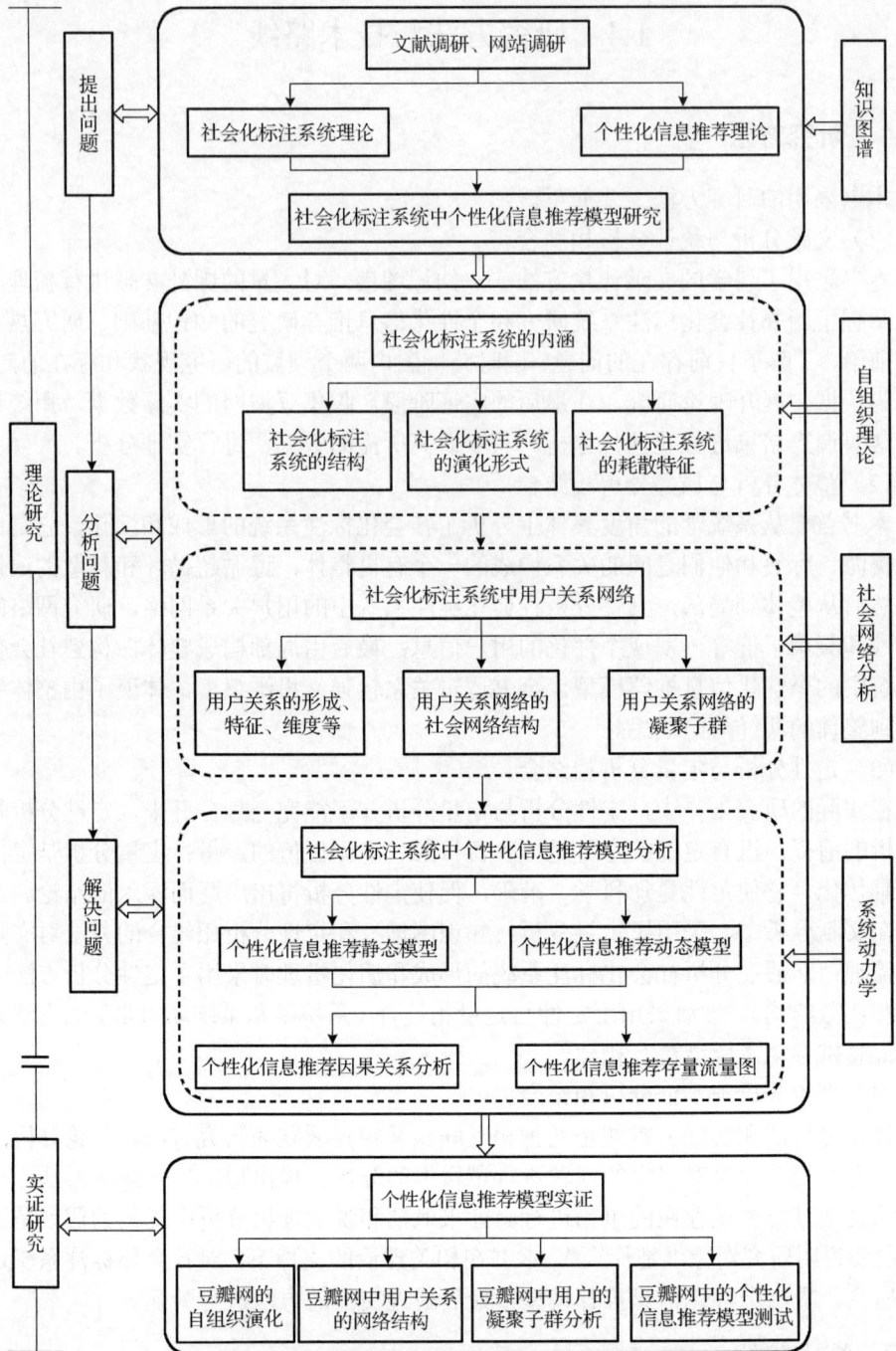

图 1.3　技术路线图

　　首先，利用知识图谱对前期的文献进行大量的调研分析，同时围绕目前的社会化标注系统，如豆瓣网、百度文库、优酷等实际系统中的个性化信息推荐情况抽象出本书研究的科学问题——社会化标注系统中的个性化信息推荐模型研究。

　　然后，利用自组织理论对社会化标注系统的结构和演化进行基础分析；利用社会网络分析理论对社会化标注系统中的用户关系网络进行核心分析；构建基于用户关系的个性化信息推荐静态和动态模型，再利用系统动力学对整体的系统模型进行影响因素分析。

　　最后，从豆瓣网中采集数据，围绕前期的社会化标注系统的结构和演化、用户关系网络、个性化信息推荐模型三方面内容分别进行实证分析。

1.5　本 章 小 结

　　本章首先分析了信息推荐研究的背景、目的与意义，然后按照标准的"理论研究—实证研究"的研究范式，提出了本书研究的内容，首先研究目前国内外社会化标注系统、个性化信息推荐两方面的研究进展；其次研究社会化标注系统的演化形式和耗散结构；然后分析社会化标注系统中的用户关系网络；最后构建并实证社会化标注系统中的个性化信息推荐模型。同时说明了具体使用的多种分析方法，绘制了详细的技术路线，整体上为后续的章节做好纲要性的指导。

第 2 章　社会化标注系统与个性化信息推荐

2.1　社会化标注系统研究

社会化标注系统是以"用户-资源-标签"为研究对象，从内部结构、演化机理和应用三方面开展的一个研究方向。自从以 Delicious、Flickr、Youtube 为代表的网站开发以来，国际上从复杂网络理论角度进行理论研究成为许多学者关注的热点问题，尤其用定量的方法来研究"用户-资源-标签"网络的内部结构关系、演化机理等。同时，由于 Web 3.0 的出现，研究学者更加关注语义方面的研究，如何挖掘社会化标注系统中标签的语义特征、体现用户偏好、进行个性化信息推荐成为社会化标注系统的一个重要应用方向。

国外关于社会化标注系统的研究开始于 1999 年，在 2006 年以前稳步增长，之后进入快速发展时期，到了 2009 年，达到该领域的文献量高峰期，共 138 篇，然后又有所下降，2011 年的文献量为 59 篇，到目前为止，文献数量呈稳步上升趋势，说明在 2009 年以前该领域经过了快速成长期，然后进入成熟期，由于社会化标注系统存在标签同义、多义等现象，所以如何改进成为这一时期的瓶颈问题，在 2010 年以后学者主要利用各种工具对标签的语义加以正确分析，进展比较缓慢。

1. 知识基础

知识基础能够反映出一个学科领域前沿的本质，具有相对的稳定性，有助于明确和预测研究前沿和动态趋势[18]，这里对国外社会化标注系统研究方向的文献按照被共引频次进行排名，居前 5 位的如表 2.1 所示。

表 2.1　高共被引作者及论文

排名	频次	中心性	作者	标题	年份
1	116	0.03	Golder 等	Usage patterns of collaborative tagging systems	2006
2	41	0.01	Hotho 等	Information retrieval in folksonomies: Search and ranking	2006
3	29	0.01	Marlow 等	HT06, tagging paper, taxonomy, flickr, academic article, to read	2006
4	27	0.03	Mathes	Folksonomies-cooperative classification and communication through shared metadata	2004
5	26	0.01	Sen 等	Tagging, communities, vocabulary, evolution	2006

Golder 等[19]通过在协作化标签系统 Delicious 网站上采集数据，研究标签的统计特性，据此构造动态模型，根据随着时间变化的标签的收敛性绘制标签稳定的相对比例，

认为标签的流行程度和自身包含的信息本质决定了标签的重要程度，定量地提出 Delicious 虽然没有像其他推荐系统那样给出明确推荐，但是别人的评价会影响其他人对同样内容的选择。Hotho 等[20]首次提出利用代数演算对收集到的 Delicious 的数据集进行语义挖掘，他将用户、标签、资源用一个形式代数表示，在 Folksonomy 的基础上进行语义检索，提出使用适应性 PageRank 和 FolkRank 寻找社区模型。

Marlow 等[21]对 Flickr 中的标签进行动态性特征分析，发现由于使用的维度不同，Delicious 和 Flickr 体现出的交互和参与的动态性是不相同的，Delicious 是一个完全自由建议的布袋模型系统（bag-model system），Flickr 是自由标注、可视化的设置模型系统（set-model system）。Mathes[22]首次对 Folksonomy 进行了奠基性系统的陈述，提出将代表用户信息的标签进行自由分类，可以弥补传统的分类法的缺点，但由于标签语义的模糊性、混乱性等特点还需要对标签分析的数量、用户分析的质量等方面加以改善研究。

Sen 等[23]在社区影响和个性化趋势的基础上提出以用户为中心的词汇演化模型，然后用四个搜索算法来分析标签在其他社区中的使用情况，并从四个方面来分析这几个算法的导航性：词汇演化、标签效用、标签采纳、用户满意。

总体上，Mathes 的文献最早经典性地提出 Folksonomy 的结构，Golder 等对标签系统的内部结构分析，建立标签的动态模型，Hotho 等从语义的角度进行数据挖掘，Marlow 等发现了 Delicious 与 Flickr 统计特征的不同之处，Sen 等重点对词汇演化模型进行研究。这 5 篇文献对以后该领域的研究起到了重要的理论作用。

2. 研究热点

从知识理论的角度来看，关键词是一篇文献的主题思想体现，关注频次和中心性较高的关键词可以追踪一段时间内该领域众多研究者共同关注的热点问题。对国外社会化标注系统研究方向的文献按照关键词共现情况进行排名，形成的知识图谱如图 2.1 所示，居前 10 位的如表 2.2 所示。

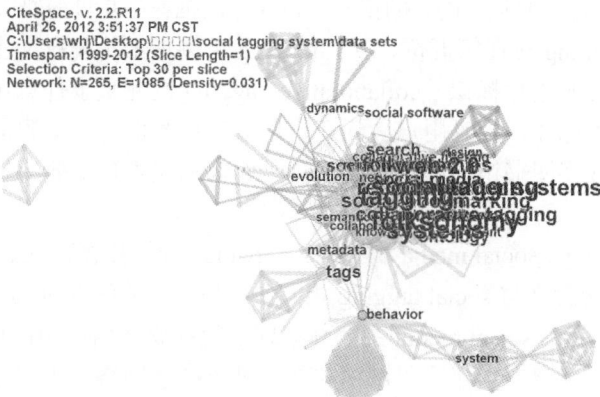

图 2.1　关键词共现知识图谱

表 2.2　高频关键词统计

排名	频次	中心度	关键词
1	39	0.04	folksonomy
2	36	0.06	social tagging
3	30	0.03	Web 2.0
4	28	0.01	recommender systems
5	24	0.03	collaborative tagging
6	23	0.01	social bookmarking
7	19	0.02	social media
8	17	0.03	social networks
9	17	0.00	semantic web
10	15	0.02	ontology

folksonomy 和 social tagging 分别排在第一、第二位，folksonomy 主要是从用户标签的应用角度，即索引和检索两方面展开研究，由于传统的固定分类方法固有的一些缺陷，folksonomy 的优点显得更加突出，由于标签代表用户的信息，代表用户对某一类特定资源的认识，从大众的角度通过标签对资源进行自由分类，不仅弥补了传统固定分类方法的缺点，还可以从语义的角度对用户信息进行挖掘。social tagging 主要是从用户标签的行为动机、行为特征展开研究的，即当用户填写标签的时候，他们具体在做什么（行为动机），同时研究标签自身的描述统计特性是什么，用标签来理解用户的数字信息概念。

Web 2.0 排在第三位，最早的 Web 称为 Web 1.0（traditional web），解决了"搜索、下载"的问题，用户通过各种门户网站的搜索引擎，快速地搜索任何想要的资源。然后是 Web 2.0（social web），用户可以在网上通过合作完成一项任务，共同解决一个问题，解决了"参与、互动"的问题，社会化标注正是用户参与活动的一个记录。

recommender systems 排在第四位，由于标签中包含着丰富的用户个性化信息，如何根据标签提取用户偏好，给用户推荐个性化的信息，解决目前的信息过载问题，尤其是与现有的推荐技术结合，如基于内容的推荐、协作过滤推荐等是目前研究的热点问题。

collaborative tagging 排在第五位，由于 tagging 更侧重于传统意义上从文档库或数字图书馆的角度对资源进行标识，collaborative tagging 则侧重于任意用户都可以对任意多的资源进行自由标注，同时用户之间还可以分享标签信息、资源信息等[24]，没有人在扮演文档库和数字图书馆的发布者的角色，它为语义本体的研究提供了一个新的研究方向。

social bookmarking、social media 和 social networks 分别排在第六、第七和第八位，social bookmarking 的含义与 social tagging 相同，只是不同的学者对其称呼不同，都代表了用户对资源的标识。social media 主要体现在书签在媒体网站中的应用，同时，由于标签的相互使用，用户之间建立了网络关系，基于社会网络对用户之间的相似性和影响性进行研究成为目前标签应用方面的热点问题。

semantic web 和 ontology 分别排在第九位和第十位，有学者预见未来的 Web 将是 Web 3.0（semantic web）[25]，它的最大特点是通过语义 Web 进行人机沟通，随着 Web 3.0 各种技术逐渐成熟，尤其通过本体与形式概念构建概念格挖掘社会标签的语义内容，将逐渐成为研究学者关注的一个热点问题。

总体而言，该领域的研究热点可以归纳为围绕社会化标注的统计特性内部结构和个性化推荐功能应用两方面展开，由于其研究对象"用户-对象-标签"三元结构，是一个典型的复杂动态系统，运用复杂网络的方法来分析不同时期的系统统计特性，可以更好地理解它的多节点结构。将基于标签的协同过滤推荐算法运用到社会化媒体等中是目前普遍关注的热点问题，由于协同过滤基于大量用户的历史数据来计算相似度，如何在在线用户数量不多、行为特征不明显的情况下衡量用户行为的相似度是一个研究难题。

3. 研究前沿

对国外社会化标注系统研究方向的文献利用突变检测算法进行检测，可以发现短时间内增长速度突然加快或使用频率突然提高的术语，即社会化标注系统领域的研究前沿，最后共检测到 17 个突变词，具体如图 2.2 所示。

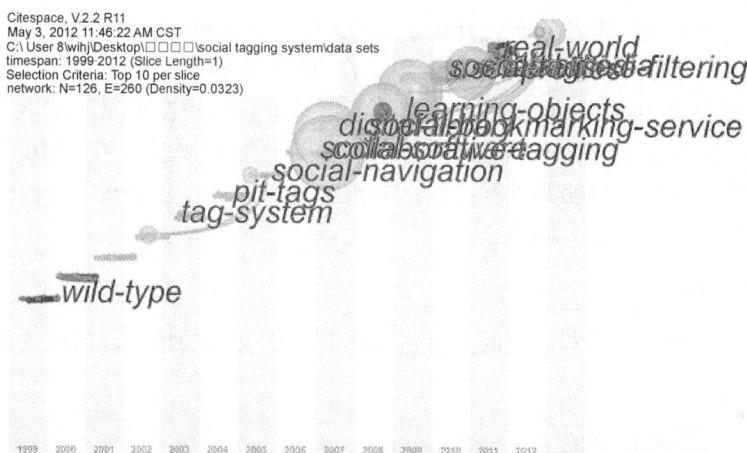

图 2.2　突变词时间区域聚类图谱

在图 2.2 中，突变频率最高的 3 个词汇是 social media、social-bookmarking-service、collaborative filtering。

为了从大量的社会媒体信息中找到符合社会网络用户个性化的信息，从 2010 年开始，Kim 等[26,27]开始研究基于标签的个性化搜索和推荐，不仅提高了检索精度，还扩大了检索的覆盖面。2007 年 Millen 等[28]提出 social-bookmarking-service 的概念，认为要结合个人标记的信息来源与交互式浏览，更好地为普通用户和专家学者在数字图书馆的检索提供社会导航服务，具体研究标签的成长和重用。从 2007 开始，Belen 等学者关注标签的 collaborative filtering[29]，从内容的角度运用协作算法进行过滤，提取用户偏好。

　　本节对 Web of Science 数据库中的社会化标注系统领域相关文献进行定量分析，研究了国际上该领域的各年文献量、主要作者、知识基础、研究热点和前沿。得出结论：国际社会化标注系统的研究热点主要围绕社会化标注的统计特性内部结构和个性化推荐功能应用展开，未来的发展方向是社会化媒体、社会化书签服务、协作过滤等方面。

2.2　个性化信息推荐研究

　　个性化信息推荐是根据不同用户的信息需求、偏好或行为模式，将用户感兴趣的信息、服务等推荐给用户的个性化信息服务，它是解决目前"信息过载""信息迷航"等问题的重要手段之一。自从以 Delicious、Flickr、Youtube 为代表的网站开发以来，国际上对个性化推荐的研究成为许多学者关注的热点问题，尤其用定量的方法来研究个性化推荐的偏好获取、推荐算法等。同时，由于 Web 3.0 的出现，研究学者更加关注语义方面的研究，其中，如何借助本体、形式概念分析等方法挖掘网络用户的个性化偏好，将恰当的信息、服务推荐给恰当的用户成为个性化推荐的一个重要方向。

　　国际上关于个性化推荐的研究开始于 1999 年，在 2004 年达到小高峰 49 篇，然后有所下降，在 2007 年达到最低值 33 篇，在 2008 年转折，进入快速发展时期，到 2011 年，文献量共 96 篇，直到目前仍在继续增长。整体情况说明经过学术徘徊期，许多研究学者找到了个性化推荐研究的方向，进入了研究新轨道，在 2010 年以后学者主要利用各种工具对用户偏好进行挖掘，如概念格、本体、复杂网络、社会网络分析等，使这一时期的文献量大幅增长。

　　1. 知识基础

　　将国外个性化信息推荐研究的文献进行高共被引文献的绘制，形成的知识图谱如图 2.3 所示。

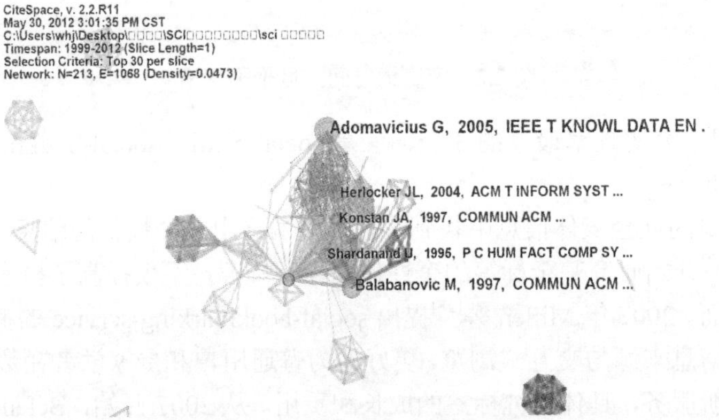

图 2.3　高共被引文献聚类图

在图 2.3 中，共有 214 个节点，1170 条连线，其中许多薄厚不等的向外延伸的环代表了不同年份该文献被引情况，环越厚，代表该节点文献被引频次越多，调节文献标签中相应的阈值和节点尺度值，共被引频次排名前 5 名的文献如表 2.3 所示。

表 2.3 高共被引文献统计

排名	频次	篇名	作者	时间
1	36	Toward the next generation of recommender systems: A survey of the state-of-the-art and possible extensions	Adomavicius G, Tuzhilin A	2005
2	29	Content-based, collaborative, recommendation	Balabanovic M, Shohamr	1997
3	25	Evaluating collaborative filtering recommender systems	Herlocker J L, Konstan J A, Terveen K	2004
4	23	Social information filtering: Algorithms for automating "word of mouth"	Shardanand U, Maes P	1995
5	22	GroupLens: Applying collaborative filtering to usenet news	Konstan J, Miller B, Maltz D, et al	1997

其中，共被引频次最高的为 Adomavicius 等所写的文献，Adomavicius 等[30]非常完善地总结了现有的推荐系统，认为目前的推荐系统共有三种：基于内容、基于协作和混合系统，同时在分析每种系统的优、缺点的基础上，提出下一代的推荐系统将会考虑用户和资源因素，从语义角度考虑上下文的情景关系，更加柔性化地进行个性化信息推荐。排名第 2 位的 Balabanovic 等[31]针对以前的 Fab 推荐系统实际运行存在的许多弱点，提出引入基于内容和协作过滤两个算法，可以增强 Fab 推荐系统的各个方面。排名第 3 位的 Herlocker 等[32]提出对协作过滤推荐系统从三个关键的方面进行新的评估：用户的任务、分析的类型和使用到的数据集，认为从用户的角度对推荐系统进行评估，关注属性而不是质量，首次提出用户的偏好属性。排名第 4 位的 Shardanand 等[33]提出基于某用户与其他用户兴趣侧面的相似性进行个性化推荐，利用 Ringo 网络系统进行验证。排名第 5 位的 Konstan 等[34]提出基于协作过滤的网络新闻开放式架构或应用，它主要利用其他人对同一类网络新闻的评价来更好地为某用户进行信息过滤。

总体上，Adomavicius 等非常完善地对已有的推荐系统进行系统的总结和评价，Balabanovic 等将推荐系统进行实践操作，提出 Fab 的修改意见，Herlocker 等和 Shardanand 等首次提出从用户的角度进行考虑，强调用户的重要性，Konstan 等将个性化推荐应用到网络新闻中。这 5 篇文献对以后该领域的研究起到了重要的理论奠基作用。

2. 研究热点

将国外个性化信息推荐研究的文献进行关键词共现分析，得到了相应的关键词共现知识图谱，其中关键词节点数为 167，连线为 559，具体如图 2.4 所示。

图 2.4 中，聚类的圆环由大到小依次代表了该关键词出现的频次多少，而关键词圆环越大越反映该领域的研究热点所在，排名前 10 位的关键词如表 2.4 所示。

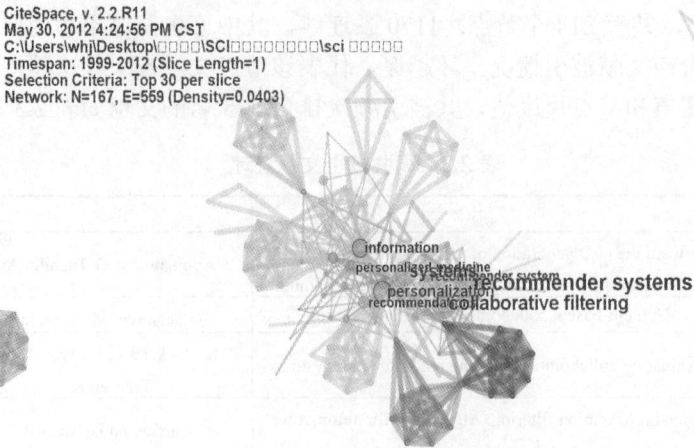

CiteSpace, v. 2.2.R11
May 30, 2012 4:24:56 PM CST
C:\Users\whj\Desktop□□□□\SCI□□□□□□□□\sci □□□□□
Timespan: 1999-2012 (Slice Length=1)
Selection Criteria: Top 30 per slice
Network: N=167, E=559 (Density=0.0403)

图 2.4　关键词共现图谱

表 2.4　高频次关键词

排名	频次	关键词	排名	频次	关键词
1	32	recommender systems	6	13	recommendations
2	24	collaborative filtering	7	10	internet
3	22	systems	8	7	management
4	18	personalization	9	6	e-commerce
5	15	information	10	6	model

　　由于将个性化推荐作为主题词进行检索，所以个性化、个性化推荐、推荐系统等出现的频次会较高，同时，协同过滤、电子商务、用户模型、数据挖掘等也都是个性化推荐研究的主要问题，引起了该领域学者的密切关注，并且学者侧重于针对目前实际应用中遇到的"信息过载""用户偏好"等问题开展研究，经过实际调查、收集数据取得实证研究。

　　3. 研究前沿

　　将国外个性化信息推荐研究的文献进行突变检测，生成了相应的聚类时区图，具体如图 2.5 所示。

　　由图 2.5 可以看出，按照突变率从高到低有 recommendations、recommender system、information、model 等膨胀词，自从 Adomavicius 等于 2005 年系统地阐述推荐系统后，他们认为用户和资源除了现有的典型信息，要从多维的角度思考推荐信息，如上下文的关系、用户之间的关系等，可以使用评价指标来设定权重，最后形成层级式的推荐系统，使得对推荐和推荐系统的研究有了新的突破。Herlocker 等提出针对协作化过滤固有的缺点，即数据稀疏和冷启动问题，可以收集用户和资源的其他信息来解决这个问题，如用户的偏好信息，使得对用户偏好的研究有了新的突破。Bonhard 等[35]提出现有的基于协作等的信息推荐没有说明为何要推荐信息 A 给用户甲，而不是推荐信息 B 给用户甲，所以他提出以用户为中心的推荐模型，从社会网络的关系出发，告诉用户甲，他的朋友对信息 A 的看法与行动等。

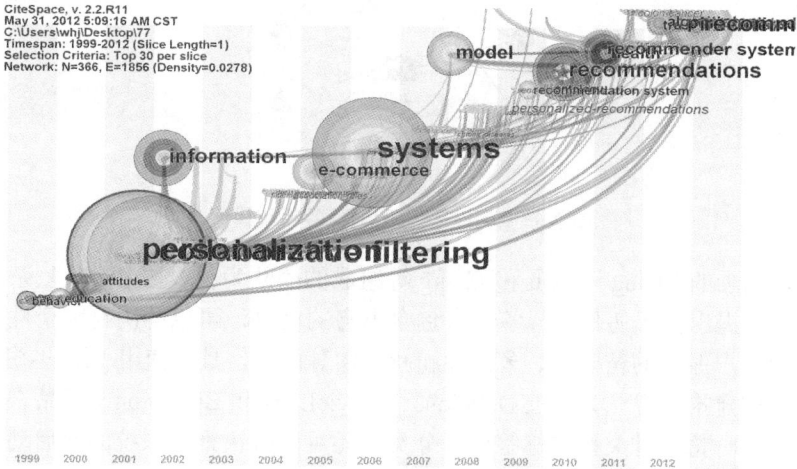

图 2.5　主题词聚类时区图

本节研究了国际上该领域的各年文献量、主要作者、知识基础、研究热点和前沿。得出该领域的研究热点和前沿主要围绕用户和资源的属性展开，借助社会网络分析、复杂网络等理论支撑，对推荐系统中的用户建模，充分收集用户的偏好信息进行个性化推荐。

2.3　社会化标注系统中个性化信息推荐模型研究综述

从 2.1 节和 2.2 节的分析研究得出，目前基于社会化标注系统进行个性化信息推荐属于情报学研究领域的研究热点问题，国外有许多学者加以关注和研究，下面从构建信息推荐理论模型的角度来综合阐述国外社会化标注系统中个性化信息推荐的研究进展。

2.3.1　国外社会化标注系统中个性化信息推荐模型研究综述

1. 基于图论的模型

由于社会化标注系统是一个复杂网络，所以许多学者用图论的相关理论来描述和刻画标签，目前，学者研究较多的是用三部分图或超图的模式来分解标签网络。三部分图[36]是在二部分图的基础上，将用户、资源、标签看成三类不同的节点，如图 2.6 所示，连边只存在于不同类别的节点之间，而同类别的节点之间不存在连边。

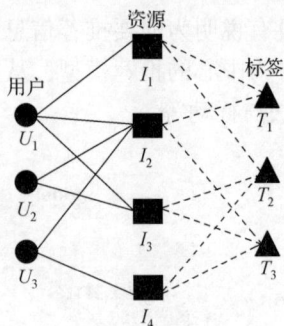

图 2.6　基于三部分图的标签系统模型

其中，瑞士的 Zhang、Zhou 和 Zhang 等组成的团队为代表，主要从复杂网络的角度出发[37,38]，提出由于协作化标签自身包含丰富的信息，可以解决目前个性化推荐系统所面临的用户偏好的精确性、多样性和新颖性等问题，具体使用"用户-资源-标签"三部分图来构建推荐算法，通过 Delicious、MovieLens 和 BibSonomy 网站来验证算法的可行性，同时将各种类型的标签进行分类，还可以解决推荐系统的冷启动问题。同时基于扩散原理计算用户之间的相似度，最后将模型应用于标准的协作化的信息推荐框架中，从标签等级排名、标签召回度、推荐的精度三方面来测试模型的有效性，证明它比余弦相似度推荐的效果好。

超图的概念来源于数学中的图论，更加关注关系而非实体，允许一条边连接一个及以上数目的节点。2007 年 Cattuto 等[39]提出可以利用超图的概念来描述标签系统，描述了标签共现网络及其统计特性，提出在标签系统中，由于用户的每次标注行为对应的标签数目不同，在将用户的每次标注行为都看成一条边的前提下，一条边会包含不同数目的节点，这与超图对边的定义是一致的。

2009 年 Ghoshal 等[40]提出了用随机超图模型来表示这种三元结构，其核心思想是定义每条边有且仅有 3 个节点：一个用户节点、一个对象节点和一个标签节点。同年，在此基础上，Zlatic 等[41]定义和分析了基于这种三角形模型的统计特性，包括超度分布、超度-簇系数相关性和节点之间的最短距离，并在两个数据集（Delicious 和 Flickr）上分别予以展示，都与实际数据的统计特性比较吻合。因此，利用超图来研究标签系统中的结构和统计特性成为了以后该领域的热点问题之一。

2009 年，de Pessemier 等[42]提出从用户的社会网络结构来分析用户的兴趣偏好，具体使用社会网络分析法分析用户使用标签之间的相似性建立用户社会网络，并利用 Local Modularity 算法划分网络社区，完成标签的序化，进而实现信息协作过滤推荐。2013 年，Kim 等[43]利用潜在的社会标签，突出用户的利益和社区特征标签，向用户推荐社交网站，目前这一研究方向吸引了很多学者的关注[44,45]，从用户群的客观关系出发，划分用户群偏好社区，统计标签系统的特征等，并验证了推荐的高效性。

基于图论的模型是采用二维向量来表示用户-资源、资源-标签、用户-标签两两之间的关系，同时超图很好地解决了异质性节点系统的问题，能够从整体的角度考虑，充分体现了标签系统中的网络结构，使个性化信息推荐的效率大大提高。但是二维向量不能够体现用户、标签、资源三者之间的内在联系，从整体的角度来挖掘用户的行为，尤其针对同一个用户和资源，他的不同侧面的标签（偏好）和标签之间的关系方面的问题。

2. 基于张量的模型

在加权标签向量的基础上，2008 年，Symeonidis 等[46]提出由于同一个资源会有不同侧面的特点，所以用户也会产生不同侧面的标签，即偏好会不同，同时，引入张量的概念构建统一的框架模型，完整地描述用户、资源和标签的关系，生成三阶张量，如图 2.7 所示，并采用高阶奇异值分解的方法对三阶张量进行降维，最后通过将标签进行排序并推荐给用户，提高了个性化信息推荐的效率。

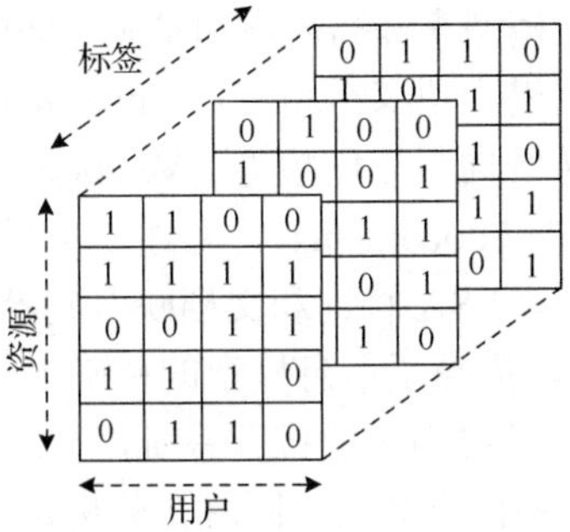

图 2.7　基于张量的标签三元关系 a

在图 2.7 中，通过张量可以将标签系统形成一个三元关系，即 $A=\{u, i, t\}$，如果用户对资源进行了标注，则价值为 1，否则为 0。

同时，对于没有标签的一些资源可以用空值表示，在其他的张量中进行标注的资源可以用负值表示，具体如图 2.8 所示。

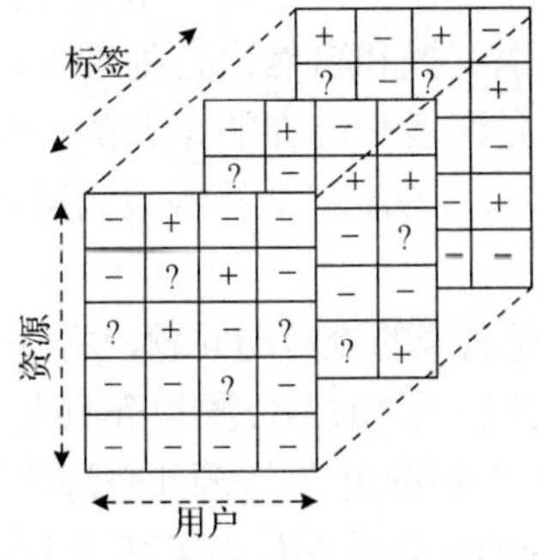

图 2.8　基于张量的标签三元关系 b

2010 年 Rendle 等[47]又进一步改进了张量分解的方法，针对高维模型降维效率低、耗时长的问题，提出了在用户之间、资源之间、标签之间的两两交互模型，它是在预测和学习中线性运行时的塔克模型的一个特殊例子，最后通过与 PageRank、FolkRank、协作过滤等方法比较，验证了它的优越性。

基于张量的模型将标签系统进行整体考虑，目前的研究均采用各种降维的思想对三阶张量进一步分解。常用的分解算法有塔克分解方法、平行因子分解方法、高阶奇异值分解方法[48-52]等。对标签、资源的最优排序方面采用传统的贝叶斯算法，将最优的标签、资源推荐给用户。不足之处是如何通过标签挖掘用户的个性化信息，将用户对资源的标注进行不同侧面的研究，充分地考虑用户的行为，如何从标签的排序中深度挖掘用户偏好。

3. 基于主题的模型

由于推荐系统的核心就是判断用户和资源之间的相似性，所以过去二十年来，许多学者致力于研究各种信息检索模型来提高用户和资源之间的相似检索概率。1990 年，Deerwester 等[53]首次提出使用潜在语义分析（Latent Semantic Analysis，LSA）的方法进行索引和检索，该方法和传统向量空间模型（Vector Space Model，VSM）一样使用向量来表示词（terms）和文档（documents），并通过向量间的关系（如夹角）来判断词和文档间的关系；区别点是，LSA 将词和文档映射到潜在语义空间，从而去除了原始向量空间中的一些"噪声"，提高了信息检索的精确度。

2005 年，Adomavicius 等[30]对当时的推荐系统进行总结，认为目前的推荐系统共有三种：基于内容、基于协作和混合系统，同时在分析每种系统的优、缺点的基础上，提出下一代的推荐系统将会考虑用户和资源因素，从语义角度考虑上下文的情景关系，更加柔性化地进行个性化信息推荐。这之后，许多学者展开对标签系统的语义的研究，Hofmann[54]介绍了概率潜在语义分析（Probabilistic Latent Semantic Analysis，PLSA）模型，它是基于对统计数据的因子分析的潜在类模型的自动化文档检索，但是由于 PLSA 没有给每个文档分配主题信息，这将导致潜在文档信息的丢失，Blei 等[55]提出 LDA（Latent Dirichlet Allocation）模型，它是一个集合概率模型，主要用于处理离散的数据集，目前主要用在文本挖掘和自然语言处理中，主要是用来降低维度的，具体通过使用先验狄利克雷分布允许多个潜在的主题的存在，它是分配给每一个文档的一个共轭先验的多项分布。此外，LDA 将文档假设为随机的潜在主题的混合，它给每个主题分布一个单词。

Umbrath 等[56]为了解决推荐系统的冷启动问题，将基于主题的模型应用在标签系统中，提出了混合 PLSA 模型，它统一了用户-资源和资源-标签的共现来提高资源推荐，具体通过计算潜在的主题变量概率来测量用户-资源和资源-标签之间统一出现的可能性，最后通过实验证明降低了过度拟合的危险性并提高了基于主题的推荐结果的准确性。

还有学者以本体的观点对标签系统进行研究，将标签的特性和本体结合，用本体的思想研究标签系统中的结构化信息，将其中有价值的信息进行语义浮现形成统一本体[57,58]。进一步，为了弥补本体方法的缺陷，Godoy 等以形式概念分析（FCA）为基础[59-61]，借助概念空间的语义层级关系序化标签系统，列举了目前单系统多兴趣用户的偏好挖掘方法，在一定程度上解决了用户偏好的获取问题，属于语义挖掘方面，但他们均以二维向量为基础，尚未建立三元关系。

基于主题的模型主要从标签系统的语义角度对标签包含的信息进行深度挖掘，使推荐的信息更加符合用户的个性化需求，但是由于需要机器学习各种数学匹配算法，所以计算过程需要一定的时间，才可以更高效地挖掘有意义的个性化信息。

总体上，这三类模型都有其不同的优缺点。基于图论主要从复杂网络的角度，用三部分图和超图来构建标签系统中的内部结构，描述系统统计特性，从而更好地提供信息推荐，不足之处是人为地将标签系统中的信息用二维向量来表示，忽略了系统中的整体信息。基于张量的模型主要认为面对同一个资源，同一个用户会产生不同侧面的偏好，即标签会不同，同时，同一个资源也有不同侧面的特点，因此可以对用户、资源和标签进行建模，生成三阶张量，从不同的侧面研究标签，从而进行个性化的信息推荐，不足之处是如何充分地考虑用户的行为，从标签的排序中深度挖掘用户的偏好。基于主题的模型主要从语义的角度来研究资源，从低维主题到高维主题来研究用户和资源之间的相似检索概率，不足之处是由于需要机器学习各种数学匹配算法，所以需要一定的时间。所以，基于图论和基于张量的模型从复杂网络的角度解决了大规模数据的稀疏性问题，但是基于主题的模型使得用户检索的结果更有个性化意义。

2.3.2　国内社会化标注系统中个性化信息推荐模型研究综述

国内对社会化标注系统的研究起步较晚，在知网上以"社会化标注"为主题词检索，仅得到 30 多篇，其中研究"社会化标注系统"的有 10 多篇。

国内学者最早从 2008 年开始对社会化标注系统进行研究，主要将社会化标注系统作为复杂网络进行分析研究，代表性的工作有：周涛等利用三部分图和超图对社会化标注的统计特性进行广泛而深入的研究，并取得了一定的成果；王志平等从系统工程科学的角度提出利用"超网络"和互联网理论来刻画复杂动态系统中的结构和应用问题，为复杂系统的建模提供了新思路；张子柯等从语义动力学的角度出发，建立了基于用户背景知识和对象、标签双重优先连接机制的超图增长模型，该模型不仅可以得到标签系统中的超度分布的解析解，还能得到标签系统中的超度-簇系数分布的理论解，同时该模型能较好地重现实际数据的统计特性。魏来等研究了由此产生的分众分类法如何与传统的叙词表进行充分的融合问题。

同时，基于社会化标注系统进行个性化信息推荐的研究也相对较少，而且十分分散。曹高辉等[62]采用概念空间方法为标签建立概念等级层次结构，借助标签的等级层次结构信息，实现基于标签的个性化推荐。杨丹等[63]借鉴 TF-IDF（Term Frequency-Inverse Document Frequency）公式计算用户和标签之间的相似度，同时计算标签之间的相似度并对标签聚类，从而得到用户与每个标签聚类的相似度，然后依据每个标签聚类对应的网页为每个用户推荐网页。吴江[64]根据豆瓣网中标签的数量、读者的数量对图书网络进行指标量化计算，进而计算图书在网络中的平均影响域、接近声望、点度中心度等指标以判断图书的重要性，从而提供推荐的依据。邓双义[65]针对用户喜好的标签集合和资源对应的标签集合，利用 WordNet 语义相似度算法（如基于路径的算法、基于信息内容的算法）对用户和资源进行匹配，实现了基于标签语义的个性化推荐。田莹颖[66]借鉴 TF-IDF 公式，结合后控词表，将用户添加的标签按时间顺序分配权重，并借鉴协同过滤思想，寻找相似用户集及其共同偏好的资源集，在此基础上对用户和资源进行相对匹配，从而产生个性化推荐。

　　与国外学者研究的内容相比，国内学者比较注重理论研究，即个性化推荐理论、推荐策略等，如关联规则、相似性、聚类、本体等方面的理论研究，而国外更注重实践，针对目前的应用问题，提出新模型，如对信息过载、用户偏好等进行实证研究；所以如何将理论与实践相结合进行研究，将实际中个性化推荐过程遇到的问题进行理论分析和解决，是目前该领域面临的难点问题。总体上，通过以上分析可知，将理论和实践相结合进行研究，既要将理论上升到复杂网络分析的高度，又要强化个性化推荐的实证分析，才能使各种理论和方法得以真正实现，真正解决各种各样用户所面临的问题，为我国的电子商务、企业、网民等推荐优质信息。

2.4　社会网络分析在社会化标注系统中的应用研究综述

　　由于现实中用户之间存在一定的社会关系，导致社会化标注系统会产生一定的层级结构，所以如何研究标注系统内部的社会关系，进行更合理的个性化信息推荐是一个急需解决的问题，对此，国内外的许多学者展开了相关研究，其中，最主要的是通过社会网络关系理论来构建社会化标注系统中的用户关系，充分挖掘标签隐藏下的用户关系，进行用户个性化偏好的提取。由于社会网络是用户之间的网络关系，属于复杂网络，所以这种方法属于基于图论的模型。

　　在目前国内外的研究中，真正涉及基于社会网络分析的社会化标注系统研究的学者和组织机构较少，通过查阅国内外大量相关文献，发现了一些有意义的研究文献。

　　Konstas[67]探讨了社会关系网络与协同推荐之间的作用机制，提出将用户社会化标注行为所产生的好友关系嵌入协同推荐系统中，以适应用户动态变化的个性化需求。Kazienko 等[68]提出了一种基于社会化网站的推荐框架，通过分析用户行为和用户关系达到准确推荐的目的。Groh 等[69]通过实证发现，通过社会关系网络产生的推荐在准确度和性能方面优于传统的协同过滤推荐。Jung[70]提出通过用户关系标记每个用户，然后将用户关系聚合为社会关系网，以此提出个性化服务，目前已应用于韩国免费通信项目中。Hu[71]从网络拓扑的角度分析用户在网络中的社会影响力，从而找出对目标用户推荐具有真正影响的其他用户。Wei[72]通过实证发现，在用户没有明确需求、偏好的情况下，通过关系网络能持续修正和调整推荐结构。Walter 等[15]利用用户之间的信任关系过滤信息，构建了基于信任的推荐模型。Li 等[16]提出了融合信任模型、社会关系和语义分析的博客推荐方法，在博客系统——Wretch 系统中得到应用。

魏建良等[73]认为社会化标注关联了用户与信息资源，形成了用户与资源的关系网络，提出可以从内容、协同和语义三个层面构建标签推荐系统，具体通过基于矩阵、聚类和网络的社会化推荐的三种思路。易明[74]根据"用户-资源-社会化标签"之间的关系网络，提出了协同运用基于社会化标签网络的内容推荐和基于知识互动型社会网络协同过滤推荐算法，在较大程度上消除了标签语义模糊问题，提高了标签推荐系统的准确度、效率和质量。冯敏[75]指出信息的社会化推荐将成为信息推荐发展的一个重要方向，通过用户社会资本的挖掘、分析和解释用户的社会化行为模式，对信息共享背后的用户关联进行深层次挖掘。

综上所述，国内外的研究局限主要体现在以下两个方面。

（1）尚未对社会化标注系统进行全面的演化分析。一是相关的研究比较分散，没有从整体上对系统的自组织演化形式、耗散结构等进行详细分析；二是缺少对社会化标注系统中的用户关系的详细挖掘和分析，除了基本的社会网络结构分析，还应该再深入挖掘用户之间的关系。

（2）尚未对社会化标注系统中的个性化信息推荐模型进行系统的分析。虽然有学者指出了社会化标注系统中蕴涵着大量的信息，可以为个性化信息推荐提供数据支持，但是如何实现个性化信息推荐，目前已有的大多是从基于内容、协作的角度展开分析的，部分从用户关系的角度进行分析，但从群内和群际进行个性化信息推荐的研究成果几乎没有。

基于以上研究，本书的研究展开如下。

（1）对社会化标注系统的内容和演化过程进行详细分析，从自组织理论的角度分析系统的超循环演化形式和多层耗散演化过程。

（2）利用社会网络分析理论，对社会化标注系统中的用户关系进行形成过程分析、结构分析、凝聚子群分析等。

（3）构建个性化信息推荐的模型，先从系统学的角度构建个性化信息推荐的静态模型，然后从过程的角度构建个性化信息推荐的动态模型，最后利用系统动力学对模型进行影响因素分析。

2.5　本 章 小 结

本章首先对社会化标注系统与个性化信息推荐的概念进行界定，同时详细总结了目前国内外基于社会化标注系统的个性化信息推荐的研究进展与成果，并基于现有研究的不足，提出了社会网络分析方法在个性化信息推荐研究中的价值，主要提出了利用社会网络分析理论，对社会化标注系统中的用户关系进行形成过程分析、结构分析、凝聚子群分析等有价值的思考。

第 3 章　信息推荐的相关理论

3.1　熵与自组织理论

3.1.1　熵的提出

熵（entropy）首先由德国物理学家克劳修斯（Clausius）在 1854 年提出，他把熵定义为 $\Delta S = \int_{p_0}^{p_1} \dfrac{\mathrm{d}Q}{T}$，其中 p_0 为起始状态，p_1 为终点状态，Q 为热量，T 为绝对温度，ΔS 为熵的变化量。熵最初应用在热力学中，用以表示一个物质系统中能量衰竭程度的度量，说明物质或场所构成系统的状态量，是用来判定系统自发过程的一个态函数。在一个孤立系统中，熵总是朝着熵增方向进行，这就是著名的热力学第二定律，也称为熵增定律，它揭示了系统内部一切不可逆过程的自发进行方向是熵增加的方向。1865 年，玻尔兹曼（Boltzmann）从统计学的角度对熵进行重新定义，$s = k \ln \Omega$，其中 k 为玻尔兹曼常数，Ω 是系统内某一宏观状态所对应的微观状态的数目，即热力学概率，反映了系统内分子运动无序性的程度。熵值越大，系统的有序程度越低，平衡度越高；熵值越低，其非平衡程度越高。因此，熵实质表现的是系统内无序状态出现的程度。1944 年，奥地利物理学家薛定谔（Schrodinger）拓宽了熵的概念，提出了"负熵"（negative entropy）概念，他认为"既然 Ω 是无序性的量度，那么它的倒数 $1/\Omega$ 可作为有序性的直接度量，因为 $1/\Omega$ 的对数正好是 Ω 的对数的负值"。玻尔兹曼也就把熵的定义改为负熵，即 $-s = -k \ln \Omega$，负熵是一个态函数，是系统有序性的度量。1948 年，香农（Shannon）把熵引入信息论中，定义了一个对离散信息源"产生"的信息量进行度量的公式，即 $H = -k \sum_{i=1}^{n} p_i \ln p_i$（$k$ 为玻尔兹曼常数，p_i 表示系统在向量空间中第 i 个单元的概率），称 H 为信息熵或香农熵，用以表征信息的特性和信息的不确定性[76]。20 世纪 60 年代，系统科学把熵引进自己的领域作为系统状态的一个定量描述，表征系统状态的复杂性与有序程度。当系统内部各要素之间的协调发生障碍时，或者由于环境对系统的不可控输入达到一定程度时，系统就很难继续围绕目标进行控制，从而在功能上表现出某种程度的紊乱，表现出有序性减弱，无序性增加，系统这种状态就是系统的熵值增加效应。

3.1.2　自组织理论

复杂系统自组织理论是以自组织现象为研究对象的理论体系，它们从系统视角研究开放系统性质以及其形成、发展和演变的规律，是系统科学理论的重要组成部分，为演化思想的拓展提供了许多有价值的论证和成果，为从系统视角研究演化机理提供了新视角和新工具。

自组织理论主要包括超循环、耗散结构、协同学等理论。超循环理论是关于非平衡态系统的自组织现象的理论。由德国科学家 Eigen 在 20 世纪 70 年代直接从生物领域的研究中提出[77]。Eigen 认为，生命信息的起源是一个采取超循环形式的分子自组织过程，他将生物化学中的循环现象分为由低到高三个不同的等级，第一个是转化反应循环，它整体上是一个自我再生过程；第二个是催化反应循环，它整体上是个自我复制过程，催化循环是比反应循环更高级的循环组织形式，只要在反应循环中存在一种中间物能够对反应本身进行催化，这个反应循环就成了催化循环；第三个是催化超循环，是催化循环在功能上循环耦合联系起来的循环，是一种更高级的循环，其显著性是整合性较高，允许相互竞争的子系统之间形成协同作用，从而使系统向更高的有序状态进化，这种现象存在于生物领域，也普遍存在于社会经济、管理领域。

耗散结构理论主要是研究耗散结构性质及形成、发展和演变规律的科学。耗散结构理论主要是由比利时科学家 Prigogine 提出的。他认为对于一个开放系统在远离平衡的条件下，必须考虑系统与外界环境不断进行物质和能量交换所引起的熵流 $d_E S$（$d_E S$ 可正可负，也可为零），以及系统内部发生不可逆过程所造成的熵增 $d_I S$（$d_I S > 0$）。即对开放系统而言，其熵变为 $dS = d_I S + d_E S$，若提供足够负熵流 $d_E S < 0$，它可不断地抵消系统内部熵增 $d_I S$，当 $|d_E S| > |d_I S|$ 时，$dS < 0$，即在不违反热力学第二定律的条件下，远离平衡态的非线性系统可以通过负熵流来减少总熵。当系统某个参量变化达到一定阈值时，通过涨落，系统可能发生突变，由原来的无序状态转变到一种有序的新状态，并保持一定稳定性。这种有序状态需要不断耗散外界的物质和能量才能维持，所以这种在远离平衡的非线性区域形成的稳定有序结构又称为耗散结构[78]。耗散结构理论系统描述耗散结构系统的自组织现象，构成理解一般复杂系统演化的基础，有利于帮助人们了解自组织演化发生的条件，为企业创造自组织条件推动企业发展提供有益的洞见。

协同学理论是 Haken 于 1977 年创立的，他以子系统竞争与合作来描述自组织现象。该理论认为自组织系统演化动力来自系统内部的两种相互作用：竞争和协同。子系统竞争使系统趋于非平衡，而这正是系统自组织的首要条件；子系统之间协同则在非平衡条件下使子系统中某些运动趋势联合起来并加以放大，从而使之占据优势地位，支配系统整体演化[79]。协同学理论比耗散结构理论更进一步回答了系统宏观演化现象的微观机制，帮助人们理解演化机制的动力要素和相互关系，使人们更深刻地理解自组织演化的内部管理机制。

系统要产生自组织现象，必须满足以下条件。

（1）开放系统。开放是系统自组织的必要条件，只有不断地和外界进行物质和能量的交换的开放系统才能发生自组织现象。

（2）远离平衡态。耗散结构理论认为，非平衡是有序之源。系统只有在远离平衡的条件下，才有可能在一定的条件下产生新的稳定有序结构。

（3）系统中必须有非线性作用机制。系统通过非线性相互作用，系统内各要素之间产生协同动作和相干效应，从而使得系统从无序向有序转化。

（4）涨落导致有序。涨落是指系统中某个变量的行为对平均值发生的偏离，它能使系统离开原来的状态或轨道。在非平衡系统具有了形成有序结构的客观条件后，涨落对实现某种序起决定作用[80]。

3.2　社会网络分析理论

3.2.1　社会网络分析的内涵

1. 社会网络分析的含义

社会科学各领域的研究方法近年来取得了许多明显进展，出现了一些新的研究方法或领域，社会网络分析就是其中的一个重要方面。社会网络分析近一二十年迅速发展起来，广泛应用到了社会学、政治学、人类学、心理学、组织管理、大众传播和社会政策等多个领域。

社会网络分析不仅是一种社会研究的具体方法，更是一种研究社会结构关系的新观点。社会网络是人类关系特征的突出表现形式，它集中体现了社会的结构属性。而且，社会网络分析并不限于微观的个体互动层面，它也可用于分析宏观的社会现象，如组织结构、社区关系甚至国际关系等。

关于社会网络分析的认识，有的学者称之为结构分析（structural analysis），有的学者简称之为网络分析。这是由于社会网络分析的发展和成熟经历了不同的阶段，学者在理解和运用社会网络分析时会存在一定的差异。社会网络分析作为一套成熟的理论与方法是近一二十年才形成的。但是社会网络概念最早被应用时只是一种隐喻，用来比喻社会关系或社会要素之间的网状结构。后来，学者才逐渐认识到，应把社会网络当成一个分析性概念，并进而提出把社会网络分析作为一种专门的研究社会关系或社会结构的方法。

概括地说，社会网络分析（Social Network Analysis，SNA）是对社会关系结构及其属性加以分析的一套规范和方法。它主要分析的是不同社会单位（个体、群体或社会）所构成的关系的结构及其属性。因此，社会网络分析作为一种相对独立的研究社会结构的方法，已经发展成为一种具有专门的概念体系和测量工具的研究范式，具有自己的理论基础和方法论原则。

社会网络分析称为结构分析，主要是由于，社会网络分析不仅是对关系或结构加以分析的一套技术，还是一种理论方法——结构分析观点。即在社会网络分析学者看来，社会学所研究的对象就是社会结构，而这种结构即表现为行动者之间的关系模式。著名的加拿大社会网络分析家 Wellman 曾指出"网络分析探究的是深层结构——隐藏在复杂的社会系统表面之下的一定的网络模式"[81]。

传统上对社会现象的解释存在着个体主义方法论（methodological individualism）和整体主义方法论（methodological holism）两种不同的立场。前者强调个体行动及其意义性，认为对社会的研究应基于对个体行动的研究。代表者如马克斯，强调社会学的研究对象就是个体的社会行动及其意义[82]。但整体主义方法论强调只有结构是真实的，认为个体行动只是结构的派生物。尽管整体主义方法论者重视对社会结构的研究，但他们对结构概念的使用也有很大的分歧。其实，在社会学中，社会结构是在各个不同的层次上使用的。即它既可用以说明微观的社会互动关系模式，也可用以说明宏观的社会关系模式。也就是说，从社会角色到整个社会都存在着结构关系。而社会网络分析已成为分析社会结构关系的非常适用的新方法，它已发展出了专门对结构进行描述和分析的一套工具。这种结构分析的方法论的意义在于强调：社会研究的对象应是社会结构，而不是个体。通过研究网络关系，有助于把个体间关系、"微观"网络与大规模的社会系统的"宏观"结构结合起来。

因此，社会网络（结构）分析的核心概念——一切社会现象都可以通过旨在揭示基本社会结构的方法得到最好的研究——被看成社会研究的一个重要的新思路。这种结构分析已发展出了一整套被广泛的经验研究所支持的特征和原理。故有的学者得出，结构分析最为重要的实质性成果，就是提出了新的学术问题、收集了新型的证据、提供了描述和分析社会结构的新方法[83]。

2. 社会网络分析的特征

关于社会网络分析这一新的研究范式，Marsden 等[84]总结说，"网络分析取向为描述和研究社会结构以及处理综合层面的问题提供了新思路：个体行动者形成社会结构的方式；社会结构一旦形成之后对个体和集体行动的制约方式；或者行动者的态度与行为受行动发生的社会背景决定的方式"。

而 Wellman 等[85]则总结出社会网络分析五个方面的范式特征。

（1）它根据结构对行动的制约来解释人们的行为，而不是通过其内在因素（如"对规范的社会化"）进行解释，后者把行为者看成以自愿的，有目的的形式去追求所期望的目标。

（2）分析者关注于对不同单位之间关系的分析，而不是根据这些单位的内在属性（或本质）对其进行归类。

（3）它集中考虑的问题是由多维因素构成的关系形式如何共同影响网络成员的行为，故它并不假定网络成员间只有二维关系。

（4）它把结构看成网络，此结构可以划分为具体的群体，也可不划分为具体群体。它并不预先假定有严格界限的群体一定是形成结构的组块。

（5）其分析方法直接涉及的是一定的社会结构的关系性质，目的在于补充——有时甚至是取代——主流的统计方法，这类方法要求的是孤立的分析单位。

由此，可以总结出社会网络分析的特征。作为一种新的研究范式，社会网络分析在研究对象、程序与原理上都和其他的研究取向有所不同。

其中，最重要的一点是，社会网络分析的对象是行动者之间的关系，而不是行动者的属性。以往的地位结构观关注的是行动者或不同类别群体的属性，即其不同的类别特征、态度、状态等。但是社会网络分析关注的不是单个行动者的特征，而是行动者之间的关系结构。也就是说，网络结构观认为，相关联的行动者之间的关系具有特别的重要性。因此，行动者之间相互连接而形成的关系是社会网络分析的基础。这也是社会网络分析区别于其他分析方法的重要特征。

总体上，社会网络分析主张的结构观是一种新思维，它特别强调对行动者之间的关系及其结构的研究。网络分析不再是单纯的方法或隐喻，而是已经发展成为一种具有自己的概念体系和测量工具的研究方式。

3.2.2　社会网络分析的研究方法

社会网络分析借用图论和矩阵法来表现社会关系及其结构，已经形成了一套较完整的方法体系。

近几十年，随着计算机与信息技术的快速发展，人类社会结构和社会生活发生了一系列巨大变化，其中一个重要方面就是社会的网络化日趋明显。因此，可以称这个社会为网络社会（network social），其特征在于社会行动的优越性[86]。

社会网络可以简单地称为由行动者连接而成的关系结构。一个社会网络是由有限的一组或几组行动者和限定他们的关系所组成的[87]。从这一方面来看，社会网络体现着一种结构关系，它可以反映行动者之间的社会关系，不同类型的关系形成了不同的社会网络。

关于社会网络的划分标准不同，社会网络的类型也不同，但是从分析的角度来看，社会网络通常划分为两大类：个体网络或局部网（local network）和整体网络或全网（complete network）。

个体网络或称自我中心网络（ego-centric network），又称主体网络，是指在网络中有一个核心的行动者，他（她）与其他行动者都有关联。这种情况常见于分析"社会支持网"，说明个人所受到的物质和情感帮助等。

与之相对的网络是整体网络，又称为社会中心网络（socio-centric network），即在网络中不存在明显的以某一成员为核心的结构。整体网络侧重说明的是一个相对封闭的群体或组织的结构特征。

社会网络的构成和特征体现了不同的社会结构，它们对网络中的个体行动者具有重要影响，社会网络分析就是对这些方面加以研究。

（1）行动者。社会网络中的一切个体、社会实体或事件都可称为行动者，所以行动者不仅是指具体的个人，还可指一个群体、公司或其他集体性的社会单位，每个行动者在网络中的位置称为"点"或"节点"。

（2）关系纽带。行动者之间相互的关联称为关系纽带，人们之间的关系形式是多种多样的，如亲属关系、合作关系、交换关系、对抗关系等，这些都构成了不同的关系纽带。

（3）二方关系。由两个行动者构成的关系，这是社会网络的最简单或最基本的形式。它是人们分析各种关系纽带的基础。

（4）三方关系。由三个行动者构成的关系。三方关系具有复杂社会关系的属性，受到了人们的关注。

（5）子群。指行动者之间的任何形式关系的子集。在复杂的网络关系中，常常可以区分出不同的子群。

（6）群体。其关系得到测量的所有行动者的结合。因群体有大小之分，其关系也有简单与复杂的区别。例如，小群体的结构特征与次级群体或组织就有很大不同，因而对它们的分析也有不同的侧重方面。

（7）关系。是指群体成员之间一切联系的总称。纽带关系是具体的，存在于成对的行动者之间，这些纽带的总和构成了一个群体的关系。

不同社会网络的特征也存在很大差异，体现社会网络特征的指标如下。

（1）规模。指社会网络中包含的行动者的数量。网络规模大意味着构成群体的成员数量多。网络规模大小会影响到行动者之间的关系。

（2）密度。指社会网络中行动者之间的联系程度。密度越大，表明网络成员之间的关系越密切，通过社群图、矩阵等可以对某一网络的密度进行测量分析。

（3）中心度。它测量的是行动者在网络中所处的位置，可分为地方中心度和总体中心度。前者又称为节点中心度，它所反映的是节点度或关系的集中程度，或者说是一个人在网络中的主导位置情况。节点度越大，即与之相关联的人越多，此人居于中心性位置。后者是指某节点在整个网络中与其他各节点的距离。它所反映的是各节点之间的密切程度，用各节点之间的最短距离来计量。另外，人们还对中心度与中心势这两个概念进行了区分，后者指的是整体的紧密程度，故又称为整体图中心度，它反映的是图的结构"中心"。

（4）团聚度。反映网络成员相互关联的程度。它类似于密度，但当其关系有方向时，是指有对偶关系的节点之间的关系强弱。它是衡量对偶关系相对数量的指标，在进行子群分析时，这是一个非常有用的指标。

（5）多重度。指网络中多重关系的密度。社会网络类型不同，其关系形式也不同。网络越复杂，其关系也越多样化，因此，多重度也是反映社会网络特征的重要指标。

3.3　系统动力学理论

3.3.1　系统动力学的内涵

系统动力学（System Dynamics，SD）是一门分析研究信息反馈系统的学科，也是一门认识系统问题和解决系统问题的交叉性、综合性学科。它是系统科学和管理科学中的一个分支，也是一门沟通自然科学和社会科学等领域的横向学科。系统动力学理论的基本点鲜明地表明了它的系统、辩证的特征。它强调系统、整体的观点和联系、发展、运动的观点。

从系统论的角度来看，系统动力学综合了结构的方法、历史的方法和功能的方法，是三种方法的统一。

系统动力学以系统论为基础，不仅是一种沟通自然科学与社会科学的信息反馈学科，还是一种吸取了控制论、信息论、计算机模拟技术、管理科学和决策论等学科知识的方法，更是一种能够定量研究复杂社会系统的方法。系统动力学研究处理复杂系统问题的方法是定性与定量结合，系统综合推理的方法。按照系统动力学的理论与方法建立的模型，借助计算机模拟可以定性与定量地研究系统问题。

系统动力学的模型模拟是一种结构-功能的模拟。它最适用于研究复杂系统的结构、功能与行为之间动态的辩证对立统一关系，系统动力学认为，系统的行为模式与特性主要取决于其内部的动态结构与反馈机制。由于非线性因素的作用，高阶次、复杂时变系统往往表现出反直观的、千姿百态的动力学特征，已引起人们的重视。系统动力学正是这样一门可用于分析研究社会、经济、生态和生物等一类复杂大系统问题的学科。

系统动力学将系统内部结构的重要性充分地表现出来，不但决定了系统的行为模式，还决定了系统的特性。系统动力学中一个重要的概念就是反馈，它是指 A 对 B 产生影响，反过来 B 通过一系列的因果关系也会对 A 产生影响。但是人们一般研究的系统都是比较复杂的，A 与 B 之间的反馈是不能直接得到的，往往需要对整个系统进行分析后才能得出正确的反馈关系。这是因为系统中往往存在很多非线性关系，所以高阶次复杂时变系统中经常会出现形态迥异的动态特性。

系统动力学模型可以作为实际系统，特别是社会、经济、生态和生物等复杂大系统的"实验室"。系统动力学在建模过程中往往采用综合推理的手段，其建模过程就是一个学习、调查、分析研究的过程。系统动力学解决问题的过程是对系统内部结构分析的过程，通过分析系统的行为、内部个体间关系，并利用数学的方法进行建模与仿真，最后模拟出系统动态变化。其模型的主要功用在于向人们提供一个进行学习与政策分析的工具，并使决策群体或整个组织逐步成为一种学习型和创造型的组织。

系统动力学方法与其他模型方法相比，具有下列特点。

（1）适用于处理长期性和周期性的问题。观察总结系统动力学现有的研究领域和成功案例可以发现，系统动力学对如社会问题、生态问题、经济问题等呈现周期性规律的方面作出了相对合理的解释[88]。经过长时间观察，这些结果得到验证，获得普遍认可。

（2）适用于对数据不足的问题进行研究。在对复杂系统问题进行建模的时候不但不能保证数据的充足，还可能遇到要素难以量化的问题，这些系统动力学模型利用各要素之间的因果关系结合系统结构都可以进行推算，完成定量与定性相结合的建模过程。

（3）适用于处理精度要求不高的复杂的社会经济问题。虽然用高阶非线性方程对模型方程求解比较难，但是借助于 Vensim 软件仍能获得主要信息。

3.3.2　系统动力学的形成与发展

系统动力学的出现始于 1956 年，创始人为美国麻省理工学院（Massachusetts Institute of Technology，MIT）的福瑞斯特（Forrester）教授，是旨在利用计算机技术和系统科学理论研究系统内部反馈活动的一门学科。20 世纪 50 年代后期，系统动力学逐步发展成为一门新的领域。系统动力学应用广泛，发展到今日已经成为系统科学与管理科学的一个重要的分支。

初期它主要应用于工业企业管理，处理如生产与雇员情况的波动、市场股票与市场增长的不稳定性等问题。此学科早期的称呼——"工业动力学"即因此而得名。尔后，系统动力学的应用范围日益扩大，从民用到军用，从科研、设计工作的管理到城市摆脱停滞与衰退的决策，从世界面临人口指数式增长的威胁与资源储量日趋殆尽的危机到检验糖尿病的病理假设，从吸毒到犯罪问题。总之，其应用几乎遍及各类系统，深入各种领域。显然此学科的应用已远远超越"工业动力学"的范畴，故改称为"系统动力学"。

在 20 世纪 60 年代，一批代表性的理论与应用研究成果问世。Forrester[89]于 1958 年在《哈佛商业评论》上发表了奠基之作，1961 年发表的《工业动力学》（*Industrial Dynamics*[90]）已成为本学科最权威的经典著作，它们阐明了系统动力学的基本理论、原理和典型应用。其《系统原理》（*Principle System*，1968 年）一书侧重介绍系统的基本结构，重点论述了在系统中产生动态行为的基本机理，系统结构和动态行为的概念以及它们相互间的依存关系，书中所讨论的原理在系统的分析、决策和预测中具有普遍性和广泛的适用性。其《城市动力学》（1969 年）则总结了美国与西方城市兴衰问题的理论与应用研究成果。

自 1970 年开始，系统动力学逐步走向成熟，这一阶段主要产生的成果为：①系统动力学世界模型；②美国国家模型；③反馈动态复杂理论。这些研究都是系统动力学在世界范围内传播发展的强大推手，使系统动力学受到了世界范围的关注，促进它向全球的传播和发展，确立了它在社会经济问题研究中的学科地位。

进入 20 世纪 90 年代，系统动力学进入了发展的黄金年代，得到了广泛的应用。

常见的领域有行业需求预测分析、发展模式研究、病毒与人类免疫系统斗争研究、农业模式的运用结构及效益分析等，横跨多个领域。

总之，系统动力学 50 年来经历了成长、发展和逐渐成熟的各个时期。其理论与应用研究遍及各类系统，涉及其他系统学科、各种学科和领域。

3.3.3　系统动力学的研究方法

系统动力学是一门分析研究信息反馈系统、认识系统问题和解决系统问题的学科。用系统动力学认识与解决系统问题不可能一蹴而就。恰恰相反，相对于其他学科解决问题的方法，系统动力学认识和解决系统问题的方法是一个逐步深入、多次反复循环、螺旋上升的过程。

系统动力学研究解决问题的方法是一种定性与定量结合，系统、分析、综合与推理的方法。它是定性分析与定量分析的统一，以定性分析为先导，定量分析为支持，两者相辅相成，螺旋上升逐步深化、解决问题的方法。按照系统动力学的理论、原理与方法分析研究实际系统，建立起定量模型与概念模型一体化的系统动力学模型，各类决策者就可以借助计算机模拟技术，在专家群体的协助下，对社会、经济、生态等一类复杂大系统的问题定性与定量地进行研究和决策。

这是建立模型与运用模型的统一过程。在其全过程中，建模人员必须紧密联系实际，深入调查研究，最大限度地收集与运用有关该系统及其问题的资料和统计数据；必须做到与决策人员和熟悉该系统的专家人员密切结合，唯此才能使系统动力学的理论与方法成为进行科学决策的有力手段。

系统动力学解决问题的过程可以分为五步，如图 3.1 所示。①用系统动力学的理论、原理和方法对被研究的对象进行系统、全面的了解和调查分析；②进行系统的结构分析，划分系统层次与子块，确定总体的与局部的反馈机制；③运用绘图建模专用软件建立定量、规范的模型；④以系统动力学理论为指导，借助模型进行模拟与政策分析，进一步剖析系统得到更多的信息，发现新的问题，然后反过来再修改模型；⑤检验评估模型。

系统动力学建模的目的是分析和研究系统内部的反馈结构与其动态行为关系，从而得到改善系统行为的研究。系统动力学研究的对象既然是系统，那么就必须要考虑系统的边界。系统的边界决定了哪一部分要素属于系统，哪一部分应该被排除在外。但是在现实世界中这样的边界是不存在的，不过是研究问题时想象出来的一个轮廓。建模时应以研究目的为标尺，把与研究有关的要素放在系统内部。

在系统动力学中主要使用因果回路图和存量流量图来表达系统的结构。

1）因果回路图

因果回路图是表示系统反馈结构的重要工具，可以迅速表达关于系统动态形成原因的假说。一张因果回路图包含多个变量，变量之间由标出因果关系的箭头所连接，同时也会标出重要的反馈回路，如图 3.2 所示。

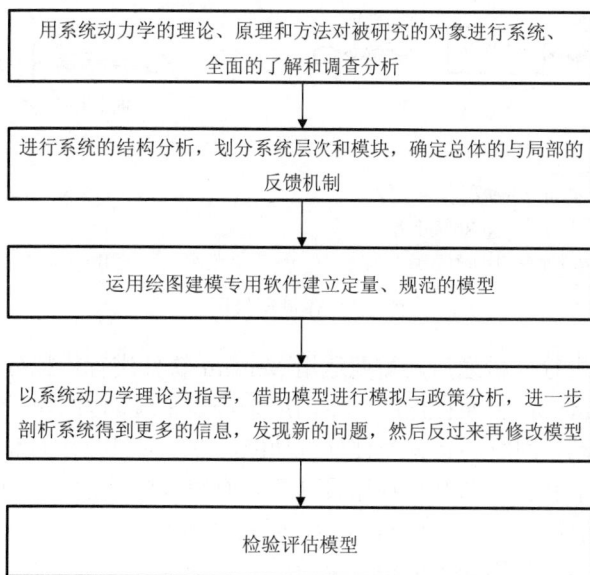

图 3.1　系统动力学解决问题的主要步骤

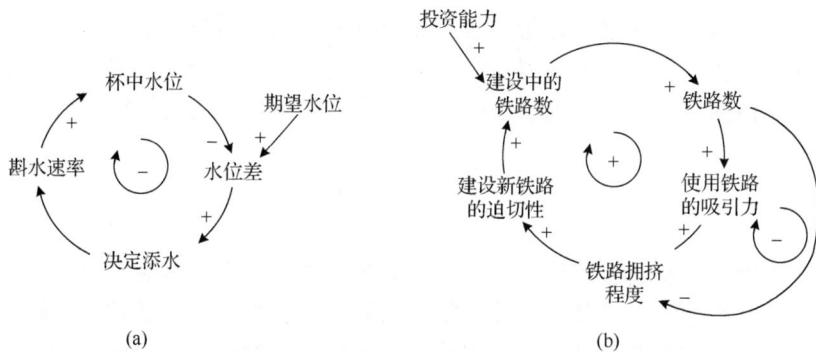

图 3.2　因果回路图

2）存量流量图

存量流量图是在因果关系图的基础上进一步区分变量性质，采用更加直观的符号刻画系统要素之间的逻辑关系，明确系统的反馈形式和控制规律，是进一步深入研究系统的一种图形表示法。

存量流量图直观地反映出系统内各要素之间的关系，勾勒出系统结构的基本情况，它根据因果关系图将不同性质的要素区别表示，并融入定量的关系，由于因果关系图只能够表示要素是增加了还是减少了，以及要素之间的反馈类型，对时间的作用是没有表示能力的；而存量流量图则可以说明要素累计变化情况，如图 3.3 所示。

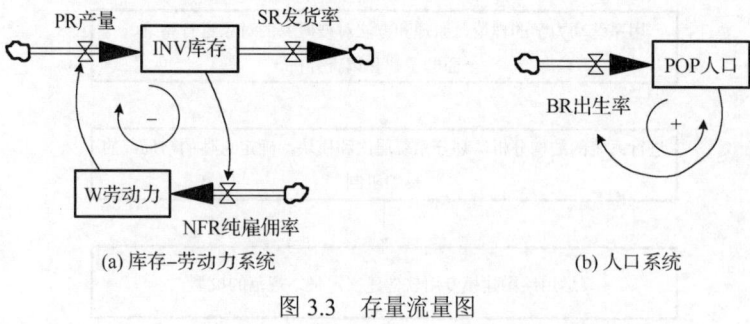

(a) 库存–劳动力系统　　　　　　　　　　　　(b) 人口系统

图 3.3　存量流量图

在对复杂系统进行分析之后，需要运用 Vensim 软件进行模拟分析。Vensim 是由美国 Ventana Systems.Inc 公司推出的，专门用来描述系统动力学模型的结构并能够很好地模拟系统的活动，同时还具有多种分析功能，方便对结果进行优化。Vensim 语言其实并不是真正的语言，它与其他程序设计语言有很大的区别，在建模过程中多半使用可视化窗口、图形化工具。在 Vensim 中，要素之间的关系多用简单的箭头、线条表示，存量流量图中也只是用简单的记号来区分要素类别；变量、存量和其他参数之间的关系以及初始值等都是通过方程的形式写入模型的，这就是 Vensim 软件的建模方法。同时，软件在使用过程中是允许一些假设存在的，这些假设是根据常识和研究目的的需要所设定的。早在建模之初，为保证 Vensim PLE 模型的正确性，就预设出这些真实性约束，在之后建模的过程中融入这些假设，可以帮助在模型仿真阶段验证模型的真实性，根据仿真结果调整模型结构、方程或者参数，达到优化模型的效果。

3.4　本　章　小　结

本章主要阐述了信息推荐研究中使用到的相关理论，主要有熵、自组织、社会网络分析、系统动力学等。具体使用热力学中的熵的概念来分析信息推荐中社会化标注系统的有序度，使用复杂系统自组织理论来研究信息推荐中社会化标注系统的平衡问题，使用社会网络分析来研究信息推荐中社会化标注系统中各要素的关系，使用系统动力学分析个性化信息推荐中的信息反馈问题。

第4章　社会化标注系统的内涵

4.1　社会化标注系统的类型

根据《中国互联网络信息资源数量调查报告》分类，将网站按照主体性质分为政府网站、企业网站、商业网站、教育科研网站、个人网站、其他公益性网站。其中政府网站指发布、宣传政策和对公众的服务，如法律法规、工作动态、新闻热点、民生服务等，具有官方权威发布、标题规范统一等特点；企业网站是指通过网站对自己的产品进行宣传，在网下进行的以实体业务为主的网站；商业网站是指对公众提供互联网信息服务，以网上虚拟业务为主的网站；教育科研网站指对教育科研信息进行处理、加工与传送的特别类型网站；个人网站是指个人或团体因某种兴趣、拥有某种专业技术、提供某种服务或把自己的作品、商品展示销售而制作的具有独立空间域名的网站；其他公益性网站指除教育科研以外的医疗、图书馆、博物馆等提供公益性服务的网站。

按照文献[90]的研究，对国内外网站中的社会化标注应用情况进行统计分析，各类型网站的整体分布情况如表 4.1 和表 4.2 所示。

表 4.1　社会化标注系统网站类型数量分布

网站类型	政府网站	企业网站	商业网站	教育科研网站	个人网站	其他公益性网站
国内网站	0	1	3	7	7	1
国外网站	3	4	23	19	2	3
总数	3	5	26	26	9	4

表 4.2　社会化标注系统的类型

类别	代表网站	标签作用
政府网站	美国政府门户网站	标记时政新闻和社会热点、民生服务信息等
	澳大利亚政府门户网站	
企业网站	IBM 公司网站	标记、分享各类主题、文本
商业网站	网上社区——豆瓣	标记、分享相册、电影、图片等
	网上购物——亚马逊、淘宝	标记商品，作出评价
教育科研网站	高校图书馆	标记书目、期刊文章、视频等
	博客大巴	标记博客日志
个人网站	新浪微博	描述用户和标记微博内容
其他公益性网站	美国密歇根州安阿伯地区图书馆	标记藏书、杂志、音乐、视频资源
	上海图书馆	标记图片

　　政府网站引入社会化媒体的形式主要是链接其他社会化媒体网站，通过对社会化媒体标签的统计分析，利用它们与用户之间信息的互动和交流，了解民众关注的社会热点和民生问题，进而检测社情民情，使之成为融洽经济社会关系的一个重要而有效的民主渠道，如利用博客、微博、社交网络、内容社区来加强政府和公民之间的在线互动交流等。目前，中国的政府网站还没有应用任何社会化标签，而国外也较少，有代表性的主要有美国政府门户网站和澳大利亚政府门户网站。

　　企业网站和其他公益性网站的总体数量分别为 5 和 4，企业网站如 IBM 公司的网站，通过其中的社区、活动、博客等，允许员工和互联网用户实名注册，通过调动企业内外所有积极的因素，运用群体智慧，参与企业项目的研究和热点问题的讨论。

　　商业网站和教育科研网站数量最多，标签应用也最成熟，主要由于标签最早是在商业网站中开展的，一般的商业网站都允许用户给资源添加标签，提供标签检索，其中网上社区——豆瓣、网上购物——亚马逊、淘宝等应用最广。

　　教育科研网站的服务对象主要是高校科研人员和学生，图书馆允许读者对馆藏电子图书、电子期刊等添加标签等；个人网站的总体数量没有前两者多，只有 9 类，主要指的是微博和博客，其中的标签都具有分众分类的特征，同时通过标签可以描述用户，是进行博客和微博信息推荐的基础；其他公益性网站主要有各类公共图书馆网站和博物馆网站，为了对传统主题词的标记进行补充，运行管理人员根据资源的具体细节添加适当标签。

4.2　社会化标注系统的自组织特征

　　社会化标注系统是以"用户（user）-资源（resource）-标签（tag）"为研究对象，从内部结构、演化机理和应用三方面开展的一个研究方向[91,92]。自从以 Delicious、Flickr、Youtube 为代表的用户生成内容网站开发以来，许多学者关注的热点问题有分析"用户-资源-标签"网络的内部结构关系[11,24]，运用复杂网络理论分析社会化标注系统的复杂适应性[93,94]，运用语义方法实现资源内容、标签内涵的数据挖掘[95-97]等方面。而有关社会化标注系统自组织演化机理的研究较少，为此，本书在对社会化标注系统的内容分析的基础上，利用超循环理论[98]对系统的自组织机理进行了分析研究。

　　社会化标注系统中主要有三个对象：用户集（U）、资源集（R）、标签集（T）。其中，用户既是资源的创建者，也是资源的标注者、使用者；资源是由用户提供到 Web 页面上的信息；标签是用户对感兴趣的资源的描述、定位等相关信息。在狭义上，单个用户的自由行为形成了标注活动，在广义上，大量用户在搜索、浏览、标注的过程中，通过相互之间信息的碰撞与融合，最终使标注具有了社会性。

　　因此，社会化标注系统不仅是用户添加关键词的简单行为，而且是大量用户对某些资源的特定看法的词汇集，是一种综合行为，更为重要的是通过这种综合行为，建立了系统内部各种要素之间的关系网络，如 *U-U*、*R-R*、*T-T*、*U-R*、*U-T*、*R-T* 之间的关系，按照自组织系统[98]必须具备的条件，社会化标注系统本质上是一个自组织系统，下面将阐述它的自组织特征。

1. 社会化标注系统的开放性

社会化标注系统是一个 Web 2.0 下的分布式分类系统，由使用者个体或群体对偏好的网络资源加上标记，这其中伴随着系统的社会开放性[99]，用户的随时加入和退出，资源的随时增加和流出，标签的随时产生和淘汰，系统不断地与外界进行着物质、能量和信息的交换。

2. 社会化标注系统远离平衡态

由于系统中每个用户（资源）所拥有的资源（标签）数量和类型都是不尽相同的，它们在系统中的位置和作用也不相同，导致用户的不均衡性；由于用户的认知程度不同，对同一事物的揭示程度会存在不同的差异，即不同的用户在标注同一资源时会产生不同层次的标签，从而产生标签的不均衡性；由于资源的增加和减少有一定的外部和内部因素，从而存在运动规律、时间分布、空间分布等的不均衡性，所以，社会化标注系统是一个不断进化的动态网络，系统内部的无序性总是自发地减少，有序性总是自发地增加，在无序中逐渐走向有序。

3. 社会化标注系统的非线性相互作用

非线性相互作用是指作用的总和正好不等于每一部分作用相加的代数和，即每一部分相互之间通过吸引、竞争和合作形成关联与协同、不可分割的关系。在社会化标注系统中，当一些用户之间有沟通的共性时，用户之间就会不断地进行社会化协作，实现资源的共享和创新，最后产生代表个性化的标签，如用户点击、用户评论、用户构建友好关系时形成的社会关系网络等，还有资源"长尾"和标签"长尾"等非线性现象[93]。

4. 社会化标注系统存在随机涨落

涨落是系统自组织的原初诱因，在社会化标注系统中，当有新的高频用户、高频资源、高频标签产生时，如许多用户对某一热点资源发表评论，系统中关于此资源的信息、评论大量涌现，就会引发新的聚集状态，随即系统会发生涨落，个别子系统会超越常规，向新的状态演化，而当其他子系统得到响应，并在整个系统内放大时，系统就被诱导进入更新的有序状态，此时，用户、资源、标签各自的聚集就会更有序，呈现出一定的结构，用户的行为、偏好就会更明显。因此，社会化标注系统和三个集合均呈现自组织系统所必须具备的开放性、远离平衡性、非线性相互作用和存在随机涨落等特性，因此它们每一个都是自组织系统。

4.3　社会化标注系统的自组织演化形式

下面将借助超循环理论来论述社会化标注系统和三个集合的自组织演化过程。从知识的角度分析，用户、资源、标签是社会化标注系统中的三类知识，只是表现的形式不同，而知识演化遵从超循环自组织机理[100,101]。用户代表系统中有自主学习能力的知识体，具有自己的偏好和行为；资源代表系统中已经存在的客观知识，不同的用户由于背景知识不同，可能偏好不同的资源；标签代表系统中存在的主观知识，是用户行为的反映。本书在文献[102]对知识分析的基础上，进一步从 5 个方面对系统中的用户、资源、标签三类知识进行说明，如表 4.3、表 4.4 和表 4.5 所示。

表 4.3　用户说明

用户	说　　明
U_1^0	用户 U_1 认识的其他用户
U_1^+	用户 U_1 传递给他人的知识
U_1^-	用户 U_1 需要的知识
UE_1	用户 U_1 的认知能力
Ur_{12}	用户 U_1 对用户 U_2 的作用或贡献

表 4.4　资源说明

资源	说　　明
R_1^0	资源 R_1 的内涵
R_1^+	资源 R_1 传递给其他资源的知识
R_1^-	资源 R_1 需要的知识
RE_1	资源 R_1 拥有知识的能力
Rr_{12}	资源 R_1 对资源 R_2 的作用或贡献

表 4.5　标签说明

标签	说　　明
T_1^0	标签 T_1 的内涵
T_1^+	标签 T_1 传递给其他标签的知识
T_1^-	标签 T_1 需要的知识
TE_1	标签 T_1 表示知识的能力
Tr_{12}	标签 T_1 对标签 T_2 的作用或贡献

接下来，从二元、三元到多元关系分别对用户、资源、标签和社会化标注系统逐步展开分析其自我复制和自我提升的能力。

4.3.1　二元超循环

按照超循环组织的形成过程，首先假设系统中有用户 U_1 和 U_2 两个紧密联系的知识体，U_1、U_2 的复制酶分别是 UE_1 和 UE_2，这两个知识体与复制酶之间可能产生四种相互作用的耦合方式，如图 4.1 所示。

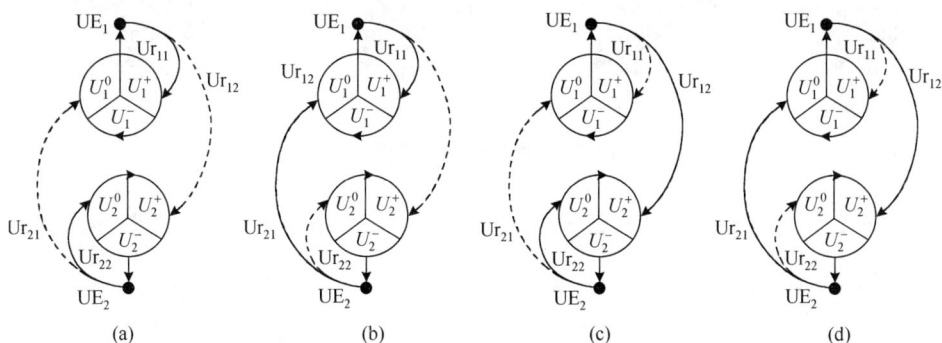

图 4.1　用户的二元耦合关系

在图 4.1 中，所有的实线比相应的虚线的作用或贡献能力要强，具体说明如表 4.6 所示。

表 4.6　用户的二元耦合关系分析

	原因	结果
图 4.1(a)	$Ur_{11}> Ur_{12}$，$Ur_{22}> Ur_{21}$	$U_1^+ \cap U_2^- = \varnothing$，$U_2^+ \cap U_1^- = \varnothing$
	用户 U_1 和 U_2 各自的认知能力 UE_1 和 UE_2 都分别有利于自身的发展，而不利于对方的发展	用户 U_1 和 U_2 之间不能形成循环关系
图 4.1(b)	$Ur_{11} > Ur_{12}$，$Ur_{22} < Ur_{21}$	$U_1^+ \cap U_2^- = \varnothing$，$U_2^+ \cap U_1^- \neq \varnothing$
	用户 U_1 和 U_2 的认知能力 UE_1 和 UE_2 都有利于 U_1 的发展，而不利于的 U_2 发展	用户 U_1 的知识不断提高，而用户 U_2 的知识不断减少，最后 U_2 在系统中被淘汰
图 4.1(c)	$Ur_{11} < Ur_{12}$，$Ur_{22} > Ur_{21}$	$U_1^+ \cap U_2^- \neq \varnothing$，$U_2^+ \cap U_1^- = \varnothing$
	用户 U_1 和 U_2 的认知能力 UE_1 和 UE_2 都有利于 U_2 的发展，而不利于 U_1 的发展	用户 U_2 的知识不断提高，而用户 U_1 的知识不断减少，最后 U_1 在系统中被淘汰
图 4.1(d)	$Ur_{11} < Ur_{12}$，　$Ur_{22} < Ur_{21}$	$U_1^+ \cap U_2^- \neq \varnothing$，$U_2^+ \cap U_1^- \neq \varnothing$
	用户 U_1 和 U_2 的认知能力 UE_1 和 UE_2 都分别有利于对方的发展	用户 U_1 的知识不断提高，同时，用户 U_2 的知识也不断提高，两个用户进行不断协作，二元关系进入超循环阶段

通过对表 4.6 中用户 U_1 和 U_2 的耦合关系分析，可知最后只有图 4.1(d)形成了超循环，两个用户通过非线性相互作用产生协同效应，表现出比单个个体更强的生命力。

同理，分别有资源、标签的二元关系超循环，如图 4.2 和图 4.3 所示，相应的资源耦合关系、标签耦合关系分析如表 4.7 和表 4.8 所示。

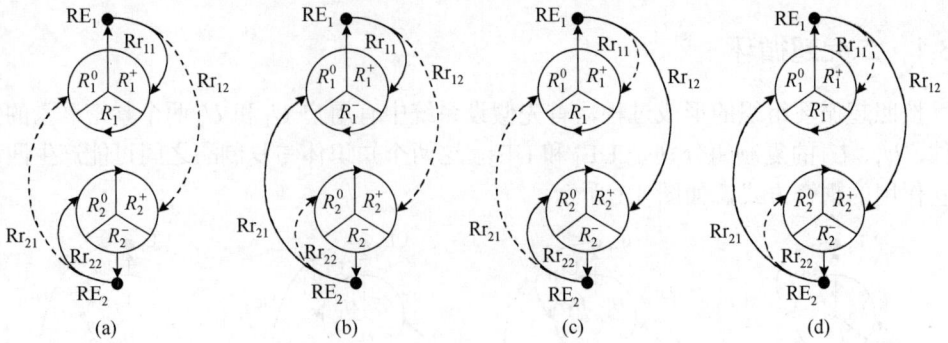

图 4.2 资源的二元超循环

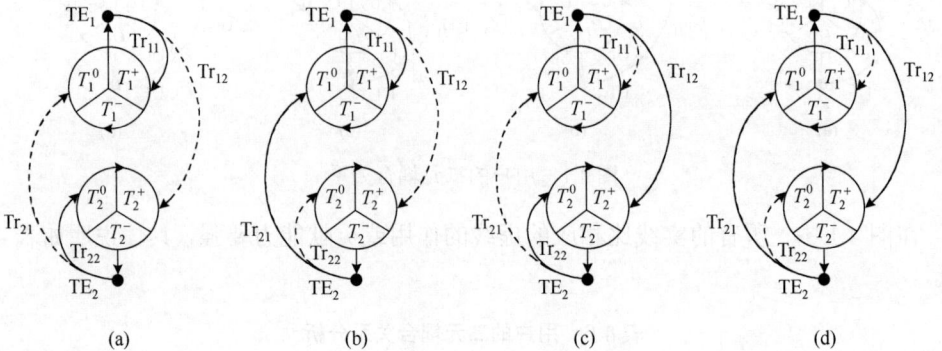

图 4.3 标签的二元超循环

表 4.7 资源的二元耦合关系分析

	原因	结果
图 4.2(a)	$Rr_{11} > Rr_{12}$, $Rr_{22} > Rr_{21}$	$R_1^+ \cap R_2^- = \varnothing$, $R_2^+ \cap R_1^- = \varnothing$
	资源 R_1 和 R_2 各自的拥有知识能力 RE_1 和 RE_2 都分别有利于自身的发展,而不利于对方的发展	资源 R_1 和 R_2 之间不能形成循环关系
图 4.2(b)	$Rr_{11} > Rr_{12}$, $Rr_{22} < Rr_{21}$	$R_1^+ \cap R_2^- = \varnothing$, $R_2^+ \cap R_1^- \neq \varnothing$
	资源 R_1 和 R_2 各自的拥有知识能力 RE_1 和 RE_2 都有利于 R_1 的增加,而不利于 R_2 的增加	资源 R_1 的知识不断增加,而资源 R_2 的知识不断减少,最后 R_2 在系统中被淘汰
图 4.2(c)	$Rr_{11} < Rr_{12}$, $Rr_{22} > Rr_{21}$	$R_1^+ \cap R_2^- = \varnothing$, $R_2^+ \cap R_1^- = \varnothing$
	资源 R_1 和 R_2 的拥有知识能力 RE_1 和 RE_2 都有利于 R_2 的增加,而不利于 R_1 的增加	资源 R_2 的知识不断增加,而资源 R_1 的知识不断减少,最后 R_1 在系统中被淘汰
图 4.2(d)	$Rr_{11} < Rr_{12}$, $Rr_{22} < Rr_{21}$	$R_1^+ \cap R_2^- \neq \varnothing$, $R_2^+ \cap R_1^- \neq \varnothing$
	资源 R_1 和 R_2 的拥有知识能力 RE_1 和 RE_2 都分别有利于对方的增加	资源 R_1 的知识不断增加,同时,资源 R_2 的知识也不断增加,两个资源进行不断的融合,二元关系进入超循环阶段

在图 4.2(d)中,$Rr_{12} > Rr_{11}$,说明资源 R_1 对 R_2 的贡献比对自身更有利,即资源 R_1

所表达出来的、传递给 R_2 的知识正是 R_2 演化中需要的。同理，$Rr_{21}>Rr_{22}$。通过资源 R_1 与 R_2 之间的互补协作，实现了资源的超循环。

表 4.8 标签的二元耦合关系分析

	原因	结果
图 4.3(a)	$Tr_{11}>Tr_{12}$, $Tr_{22}>Tr_{21}$	$T_1^+ \cap T_2^- = \varnothing$, $T_2^+ \cap T_1^- = \varnothing$
	标签 T_1 和 T_2 各自的表示知识能力 TE_1 和 TE_2 都分别有利于自身的表达，而不利于对方的表达	标签 T_1 和 T_2 之间不能形成循环关系
图 4.3(b)	$Tr_{11}>Tr_{12}$, $Tr_{22}<Tr_{21}$	$T_1^+ \cap T_2^- = \varnothing$, $T_2^+ \cap T_1^- \neq \varnothing$
	标签 T_1 和 T_2 的表示知识能力 TE_1 和 TE_2 都有利于 T_1 的表达，而不利于 T_2 的表达	标签 T_1 的知识不断提高，而标签 T_2 的知识不断减少，最后 T_2 在系统中被淘汰
图 4.3(c)	$Tr_{11}<Tr_{12}$, $Tr_{22}>Tr_{21}$	$T_1^+ \cap T_2^- \neq \varnothing$, $T_2^+ \cap T_1^- = \varnothing$
	标签 T_1 和 T_2 的表示知识能力 TE_1 和 TE_2 都有利于 T_2 的表达，而不利于 T_1 的表达	标签 T_2 的知识不断提高，而标签 T_1 的知识不断减少，最后 T_1 在系统中被淘汰
图 4.3(d)	$Tr_{11}<Tr_{12}$, $Tr_{22}<Tr_{21}$	$T_1^+ \cap T_2^- \neq \varnothing$, $T_2^+ \cap T_1^- \neq \varnothing$
	标签 T_1 和 T_2 的表示知识能力 TE_1 和 TE_2 都分别有利于对方的表达	标签 T_1 的知识不断提高，同时，标签 T_2 的知识也不断提高，两个标签进行不断的融合，二元关系进入超循环阶段

在图 4.3(d)中，$Tr_{12}>Tr_{11}$，说明标签 T_1 对 T_2 的贡献比对自身更有利，即标签 T_1 所表达出来的、传递给 T_2 的知识正是 T_2 演化中需要的。同理，$Tr_{21}>Tr_{22}$。通过标签 T_1 与 T_2 之间的互补协作，实现了标签的超循环。

4.3.2 三元超循环

在二元超循环的基础上，当有新的用户 U_3 加入，或者原有的用户拥有的知识发生了变化，使得其在网络中的位置发生变化时，就出现了三元关系。三元之间有多种耦合关系，与二元耦合关系类似，多种耦合关系中只有图 4.4 形成了超循环。

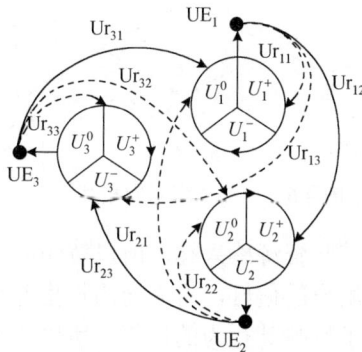

图 4.4 用户的三元超循环

图 4.4 是在图 4.1(d)的基础上，三个用户进行连接，具体如下。

$Ur_{31} > Ur_{21}$，并且 $Ur_{31} > Ur_{33}$，表示对用户 U_1 而言，用户 U_3 比 U_2 作出的贡献更大。$Ur_{12} > Ur_{32}$，并且 $Ur_{12} > Ur_{11}$，表示对用户 U_2 而言，用户 U_1 比 U_3 作出的贡献更大。$Ur_{23} > Ur_{13}$，并且 $Ur_{12} > Ur_{11}$，表示对用户 U_3 而言，用户 U_2 比 U_1 作出的贡献更大。

所以用户 U_1、U_2、U_3 之间存在相互协同的关系，三者分别进行自我知识积累的同时，不断地协助其他用户，最终在多元用户之间形成了超循环。

图 4.5(a)、图 4.5(b) 分别是资源的三元超循环和标签的三元超循环，它的形成过程与图 4.4 类似，不再阐述。

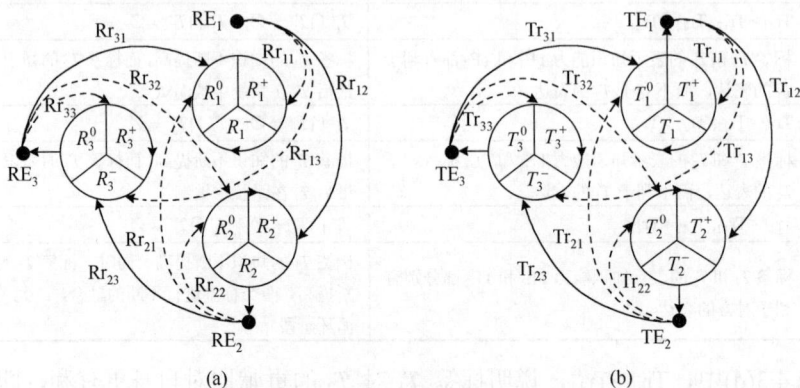

图 4.5　资源、标签的三元超循环

4.3.3　社会化标注系统的超循环

由于社会化标注系统自诞生以来，就一直以用户需求为中心，是一个由用户导向的自由、开放的系统，所以系统中的三类知识集合之间可以自由地进行相互作用，如图 4.6 所示。

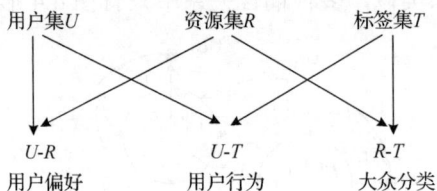

图 4.6　三类知识之间相互作用

图 4.6 中，由于用户对某些资源感兴趣，所以资源才会被关注，即研究用户集与资源集之间的关系，是获取用户的偏好，将来向用户推荐个性化的信息；由于用户对相应的资源进行关注，留下了反映其行为的标签，所以研究用户集与标签集之间的关系，是为了获取用户的行为；由于系统中大量的资源被不同层次、不同类型的标签标注，系统选取其中的高频标签作为资源的类目，反映了大众对资源的自由分类，所以研究资源集与标签集之间的关系，是为了实现资源的大众分类。

由于系统中每一类知识：用户集、资源集、标签集，它们分别具备了自组织系统的开放性、非线性、非均衡性，所以每一类知识都是一个自组织系统，将图 4.5 和图 4.6 相结合，形成了图 4.7 所示的社会化标注系统的自组织演化模型，系统进行螺旋式上升发展。

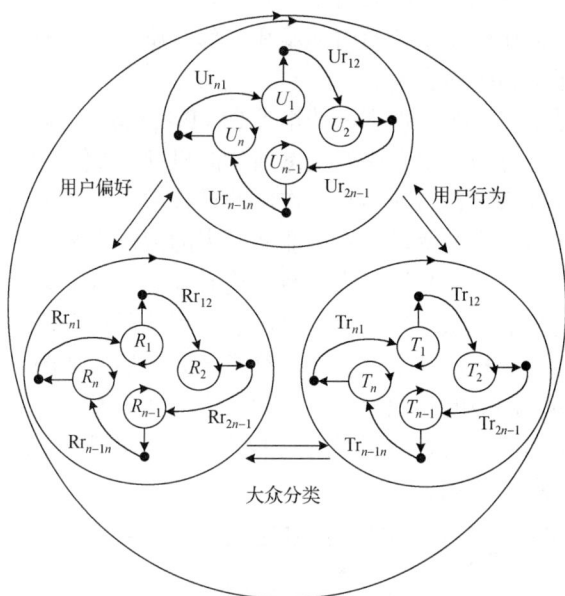

图 4.7　社会化标注系统自组织演化模型

用户行为、用户偏好、大众分类数据的来源，根本上都是用户集、资源集、标签集。每个集合进行自我超循环时，会自组织形成许多子集，这些子集中包含了许多有价值的数据。不同的集合中的子集之间相互联系，产生了有价值的用户行为、用户偏好、大众分类知识。虽然它们的产生途径是一样的，但是进行数据挖掘的算法、结果解释的方式、知识表示的形式等都是不一样的。所以研究社会化标注系统自组织演化机理，遵循系统演化过程，为下一步深度挖掘三个集合和三个关系中蕴涵的知识奠定基础。

社会化标注系统是 Web 2.0 环境下用户生成内容的典型应用，目前，以社会化标注机制作为主要功能的内容共享系统发展非常迅速[103]，根据社会化标注系统的自组织机理，在它的基础之上进行知识发现、信息推荐、大众分类等研究时，应充分认识并遵循社会化标签系统所揭示的客观演化规律，具体为：一是要保持系统开放性，使更多的知识加入系统中来，让各类节点自由地推动系统进行自主演化；二是要深度挖掘用户聚类、标签聚类、资源聚类时内部呈现出的自组织演化规律，进一步从用户行为、用户偏好、大众分类三个角度实现对社会化标注系统的数据挖掘；三是 Web 2.0 环境要创造一种彼此沟通、彼此协作、共享资源的正能量平台。

4.4　社会化标注系统的耗散结构

根据耗散结构理论，从多层级的角度，对社会化标注系统的耗散结构形成过程进行研究，具体分析社会化标注系统的内部熵和外部负熵之间的关系、系统整体熵的演化方向、系统的有序度和平衡态等。

耗散结构理论是由比利时物理学家普里戈金（Prigogine）提出的[104]，主要探讨一个系统从混乱无序的状态向稳定有序的状态演化的机理、条件和规律。普里戈金提出，一个远离平衡态的开放系统在与外界相互作用的过程中，当其中某个参量变化达到一定临界值时，通过涨落发生突变，就有可能从原来的混沌无序状态变为一种时间、空间或功能有序的新状态。一个系统形成耗散结构必须满足以下条件：系统是开放的；系统存在非线性作用机制；系统处于远离平衡态；系统通过涨落形成有序。

从纵向的时间角度分析，社会化标注系统可分为三层，如图 4.8 所示，包括微观层级的知识产生、中观层级的知识聚合、宏观层级的知识发现，并且每一层在演化过程中，均具有耗散结构的特征。而层级之间的关系是下层对上层的知识递进扩张、上层对下层的知识递进选择关系。

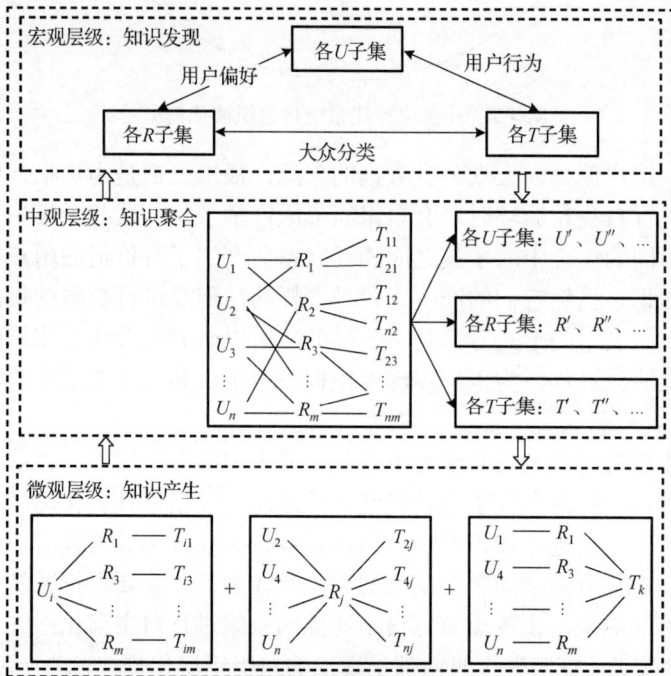

图 4.8　社会化标注系统的层级

4.4.1　社会化标注系统的层级关系

微观层的知识产生主要由用户、资源、标签三类不同的中心代表。用户相互之间的交互行为很少，主要侧重知识产生，包括用户、资源、标签的产生或自我知识的增加等。用户既是资源的创建者，也是资源的标注者、使用者；资源是由用户提供到Web 页面上的信息；标签是用户对感兴趣的资源的描述、定位等相关信息，以用户为中心，单个用户的自由标注行为形成了一个完整的标注活动；以资源为中心，单个资源会有很多用户发表不同的评述、看法等，形成不同的标签；以标签为中心，单个标签是由不同的用户对不同的资源进行标注而产生的。

中观层的知识聚合主要由各用户、资源、标签的子集形成。用户在内在好奇心和外在信息共享驱动下，意识到自身知识的缺陷，于是不断地搜索、浏览、选择相应的信息[105]。用户相互之间发生了知识碰撞与融合，使用户之间、资源之间、标签之间建立了关联，并具有了社会性；同时用户、资源、标签的数量在不断地增长，系统进入一个活跃的"资源储备"阶段[106]。最终，形成偏好同一类型资源的用户聚合、标注特征相似的资源聚合、体现用户行为特征的标签聚合。

宏观层的知识发现主要指发现用户行为、用户偏好等个性化信息[107]和进行更有效的大众分类。用户集和资源集之间的关系代表了用户的偏好，用户集和标签集之间的关系代表了用户习惯使用的词语等，资源集和标签集之间的关系代表了通过标签的语义、大众对某些资源的看法等。

4.4.2　社会化标注系统的层级耗散结构

社会化标注系统的三个层级在演化的过程中，每一层都遵循着耗散结构，不断地呈螺旋上升，具体如图 4.9 所示。

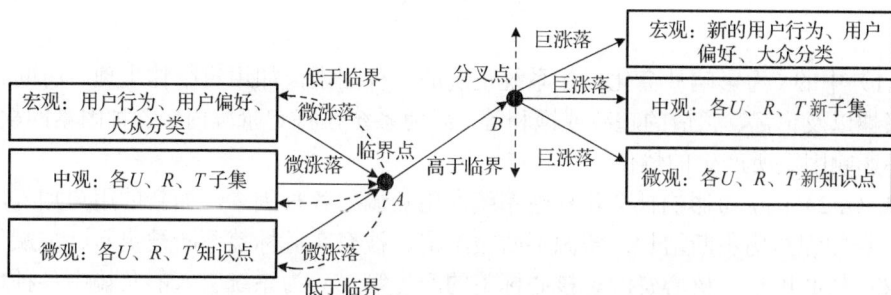

图 4.9　社会化标注系统各层级的耗散演化

微观层的各 U、R、T 知识点的演化是整体系统演化的逻辑起点，但受外界的影响，不断有新的用户加入或用户自身知识结构不断增长；资源不断被丰富、被充实；标签不断被更新、被赋予新的意义等扰动，造成系统的微涨落，使系统逼近临界点 A，而用户固有的观念、原有资源的价值、标签的本身含义等会抵消微涨落，使系统回归原来状态，但如果用户的知识有了突破性进展或出现了高频资源、高频标签等，就会使系统高于临界，造成系统巨涨落，使系统逼近分叉点 B，形成各 U、R、T 新知识点，最后形成新的有序结构——中观层的知识聚合。

中观层的各 U、R、T 子集由于知识共享，不断地进行知识积累，造成微涨落，但是由于用户个体生理、时间、经济、兴趣以及记忆、感情的超载或饱和等，即用户的接受能力有限，抵消了微涨落，在临界点 A 处发生回落。但如果发现了核心人物[108]或名人[109]，他在该聚合中地位非常重要，与其他人联系较广，就形成了 U 子集的巨涨落。同理，核心资源、核心标签的出现，使 R 子集、T 子集在 B 点形成巨涨落，系统进入新的有序结构——宏观层的知识发现。

宏观层系统的最初扰动是由中观层级各 U、R、T 聚合的知识创新造成的，使三角形的关系逐渐超过阈值，使用户的特征、资源的分类更加凸显，最后在 B 点形成巨涨落，宏观层实现新的耗散结构。

4.4.3　社会化标注系统的熵

德国物理学家克劳修斯于 1968 年第一次提出熵的概念[110]，熵是不能再被转化做功的能量总和的测定单位，熵的增加意味着有效能量的减少，也说明了系统能量转化的方向。随后，系统学将熵的概念引入，认为当系统内部各要素之间协调发生障碍时，系统表现出一定程度的紊乱，无序性逐渐增加，即正熵 S_l 的增加；同时，系统与外界交换能量和物质引起负熵 S_e 的增加，具体为[79]

$$S_l = \sum_{i=1}^{n} K_i S_i \tag{4.1}$$

$$S_e = \sum_{j=1}^{n} K_j S_j \tag{4.2}$$

式（4.1）中的 i 为影响社会化标注系统正熵的各种因素，如用户个体生理、时间、经济、兴趣以及记忆、感情的超载或饱和等，K_i 为系统在特定阶段内，各种因素的权重，S_i 为各影响因素所产生的熵值。

式（4.2）的 j 为影响社会化标注系统产生负熵的各种因素，如新的用户加入，或用户自身知识结构不断增长；资源不断被丰富、被充实；标签不断被更新、被赋予新的意义；核心用户、核心资源、核心标签的产生等。K_j 为系统引入的负熵中各种影响因素所占的权重，S_j 为各影响因素的负熵值。

社会化标注系统的总熵用 $S_总$ 表示，即

$$S_总 = S_l + S_e \tag{4.3}$$

$S_总$ 由系统内部熵和外部负熵共同决定，只有当 $S_总 < 0$ 时，系统的耗散结构才能形

成，系统才能形成巨涨落，才更有序。因此，社会化标注系统耗散结构形成应满足条件 $S_l < -S_e$。

按文献[99]中的观点，S_l 和 $-S_e$ 分别可用图 4.10 中的虚线和实线表示，S_l 和 S_e 都会随着时间而逐渐增加，即系统的总熵会不断增加，其中点 F、G、H、I 处的直线分别是该点处的切线，下面将系统的熵按区间 $[0, t_1]$、$[t_1, t_2]$、$[t_2, t_3]$、$[t_3, t_4]$、$[t_4, t_5]$ 进行详细分析，具体如表 4.9 所示，表中，↑表示增加，↓表示降低。

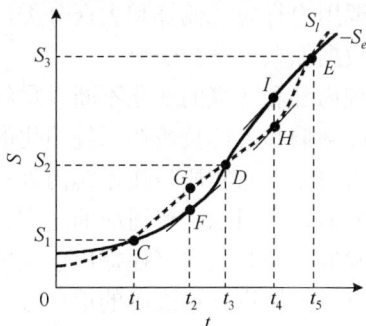

图 4.10　社会化标注系统的熵

表 4.9　社会化标注系统的熵变化

区间	$[0, t_1]$	$[t_1, t_2]$	$[t_2, t_3]$	$[t_3, t_4]$	$[t_4, t_5]$
S_e、S_l	$-S_e > S_l$	$-S_e < S_l$	$-S_e < S_l$	$-S_e > S_l$	$-S_e > S_l$
总熵	$S > 0$	$S < 0$	$S < 0$	$S > 0$	$S > 0$
边际熵	$\mathrm{d}(-S_e) < \mathrm{d}S_l$	$\mathrm{d}(-S_e) < \mathrm{d}S_l$	$\mathrm{d}(-S_e) > \mathrm{d}S_l$	$\mathrm{d}(-S_e) > \mathrm{d}S_l$	$\mathrm{d}(-S_e) < \mathrm{d}S_l$
		$\mathrm{d}_F(-S_e) = \mathrm{d}_G S_l$		$\mathrm{d}_H(-S_e) = \mathrm{d}_I S_l$	
序	有序	无序	无序	有序	有序
序变化	↓	↑	↓	↑	↓
序转折点	C 点		D 点		无
平衡	平衡	失衡	失衡	平衡	平衡
平衡变化	↓	↑	↓	↑	↓
平衡极点	无	F、G（失衡极点）		H、I（平衡极点）	

在区间 $[0, t_1]$ 中，由于 $-S_e > S_l$，所以总熵 $S > 0$，系统总体上呈有序态，但是每增加单位时间，$-S_e$ 的增加小于 S_l 的增加，即边际负熵小于边际正熵，$\mathrm{d}(-S_e) < \mathrm{d}S_l$，所以系统的有序度逐渐降低，系统的平衡态逐渐降低；在区间 $[t_1, t_2]$，由于 $-S_e < S_l$，所以总熵 $S < 0$，系统总体上呈无序态，又由于 $\mathrm{d}(-S_e) < \mathrm{d}S_l$，所以系统的无序度逐渐上升，系统的失衡态逐渐上升；区间 $[t_2, t_3]$、$[t_3, t_4]$、$[t_4, t_5]$ 中基本情况与 $[0, t_1]$、$[t_1, t_2]$ 的解释类似，不再赘述，具体如表 4.9 所示。

在系统演化的过程中，重点考察的是序的转折点和平衡极点。其中，C 点是区间 $[0, t_2]$ 中系统从有序到无序的转折点，社会化标注系统的三层结构中知识产生、知识共享、知识发现的效率在不断降低，系统内部熵起主导作用；D 点是区间$[t_2, t_4]$中系统从无序到有序的转折点，系统各级的效率在不断提高，系统的耗散结构起主导作用；由于 $\mathrm{d}_F(-S_e) = \mathrm{d}_G S_i$，$F$ 点的边际负熵与 G 点的边际正熵相等，系统在区间$[t_1, t_3]$中 F、G 点的无序度最高，达到失衡极点；同理，$\mathrm{d}_H(-S_e) = \mathrm{d}_I S_i$，系统在 H、I 点的有序度最高，达到平衡极点。

在社会化标注系统的三层耗散结构中，每层都存在着区间$[t_1, t_5]$之间熵的演变，但是为了在宏观层更准确地发现用户行为、偏好和大众分类，应在系统整体的有序度最高、达到平衡极点时，进行数据抓取、分析研究。

社会化标注系统随着系统内部和环境的变化不断以层级式的结构发展演化，借助耗散结构理论，揭示了系统内部熵和外部负熵在系统演化的过程中不断彼长此消、相互依存、相互制约的复杂矛盾关系。它实质是在系统内外复杂非线性作用下"突现"出来的冲突、混沌、协调、妥协、自组织、自适应的过程，因此，社会化标注系统的结构不断有规律地波动向前发展。同时，本书还提出了系统的平衡极点，此时，系统的有序度最高，平衡达到极点，能够进行更准确的用户行为、偏好和大众分类分析，为进一步开展实证研究提供理论基础。

4.5　本章小结

本章首先对社会化标注系统的类型进行分析，共分为六大类型，并运用自组织理论，对社会化标注系统的特征进行分析，得出社会化标注系统具有自组织系统的开放性、远离平衡态、非线性相关性、随机涨落等特征；然后对社会化标注系统的自组织演化形式进行分析，从二元关系、三元关系到多元的超循环演化形式进行分析研究，并指出其中的用户集、资源集、标签集和社会化标注系统均是自组织系统，然后运用超循环理论分别对它们的自组织演化机理进行了探讨，并构建了社会化标注系统的自组织演化模型；最后根据耗散结构理论，从多层级的角度，对社会化标注系统的序化形成过程进行研究，具体分析了社会化标注系统的内部正熵和外部负熵之间的关系、系统整体熵的演化方向、系统的有序度和平衡态，最后提出了系统序化的平衡极点。

第5章　社会化标注系统中的用户关系分析

5.1　社会化标注系统中的用户关系

5.1.1　用户需求分析

用户需求分为横向和纵向两个方向,横向主要是从用户个体的偏好种类角度出发的,在网络环境下,具有一定的知识结构和素质背景的用户开展一些活动的时候具有一定的偏好,这些活动主要分为三个方面:生活需求、职业需求、社会需求。纵向主要是从用户个体的偏好变化的角度出发的,随着客观条件和环境的变化,用户的偏好在满足一定的需求之后会发生改变,主要从马斯洛需求层次理论角度研究,横向和纵向的表示具体如图5.1所示。

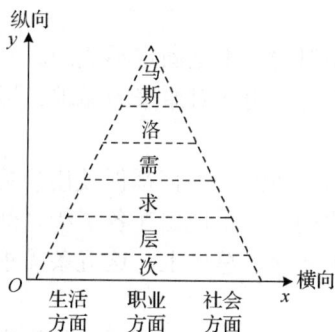

图 5.1　用户需求

1. 用户需求——横向

文献[111]认为人的信息需求归纳起来体现在三个方面,即生活中的信息需求、职业中的信息需求、社会中的信息需求。本书认可这样的分类,同时在此基础上,对书中提到的用户偏好进行详细分析,认为在个性化信息服务的环境下,用户偏好很难获取,但是用户的需求是由用户的偏好形成的,具体通过用户的三方面需求体现处理,然后用户在需求的驱使下,产生了一定的行为,即通过行为满足并实现了用户的需求;最后对用户的行为进行数据挖掘,从中发现个性化的信息,即从用户的行为体现了用户的偏好。具体形成和体现过程如图5.2所示。

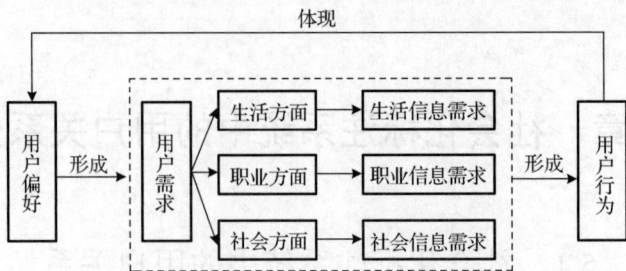

图 5.2　用户需求——横向

2. 用户需求——纵向

在 Web 2.0 信息时代，尽管用户的信息需求多种多样，但都可以用最经典的马斯洛需求理论（hierarchy of needs）来分类。从用户个体的角度，马斯洛需求理论由低到高可以分为 7 层：生理、安全、爱与归属、尊重、认知、审美、自我实现，其中前四层为匮乏性需求，后三层为成长性需求[112]。该理论有如下几点结论。

（1）用户的所有需求都是由低到高，都来自某些基本的需求。

（2）当某层次的需求得到某种程度的满足后，可能不是100%的满足，高一层次的需求就会随之出现。

（3）用户的需求层次是相对的，不是固定不变的。

（4）由于需求不断得到满足，用户对原来的需求目标产生轻视，对新的需求目标产生兴趣。

（5）用户的一些能力：认知、记忆、习惯都促使用户为满足新的需求不断努力[113]。

理论的前三条说明了用户的需求呈现出在各层级之间不断演化的规律，后两条说明用户的兴趣会随需求而不断变化，总体上，这五条需求理论对用户信息需求的分类具有重要的启示意义。

Web 2.0 的快速发展，通过社会网络，使用户的需求在马斯洛需求层次理论的作用下，不断地满足和变化，从最基本的信息需求扩展到社会关系的需求，体现了用户从社会群众角色的信息需求升级到自我价值角色的社会交往需求，用户关系以社会资本的方式更好地帮助用户实现社会认同。

胡昌平等[114]在 Watzlawick 提出的信息交流划分的基础上将网络服务环境下的用户需求分为两个层次：信息层面和关系层面。

本书在此基础上结合马斯洛需求层次理论，从信息的角度将用户需求更加详细地加以区分，并构建了用户需求模型，具体如图 5.3 所示。

（1）信息层面需求。这一层面的需求由下至上共分为四个层次：信息的获取、信息的分析与加工、知识的发现、知识的创造。

自从互联网发明以来，在 1990～2000 年，人类进入了 Web 1.0 的时代，用户通过各种门户网站的搜索引擎，快速地搜索任何想要的资源，这些资源以文本、视频、声音等多种类型的文件出现，所以 Web 1.0 时代解决了位于马斯洛需求层次中的"生理"与"安全"需求，即"信息的获取"问题。

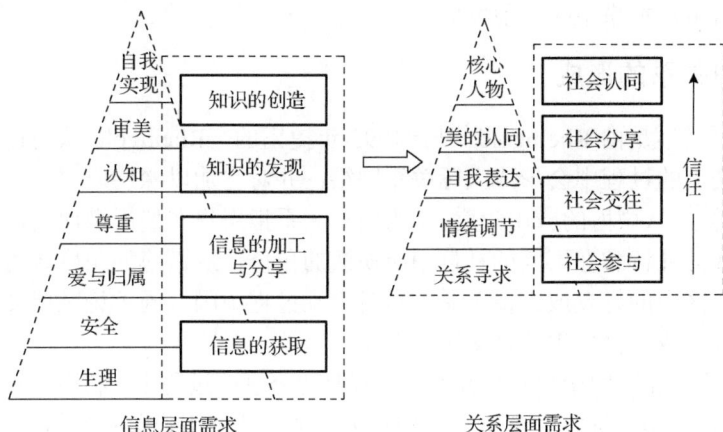

图 5.3　用户需求——纵向

2000～2010 年，人类进入了 Web 2.0 的时代，用户可以在网上共同参与一个游戏，共同解决一个问题，一夜之间全民都学会了偷菜，所以 Web 2.0 的时代解决了位于马斯洛需求层次中的"爱与归属"与"尊重"需求，即"信息的加工与共享"问题。

2010～2020 年，用户急需在杂乱无章的信息中寻找适合自己的、精准的、高效的信息，即需要解决马斯洛需求层次中的"认知"层面的"知识发现"，即个性化的信息服务；同时由于"审美"与"自我实现"两层需要用户进行知识的创造才能实现用户的最高需求，即知识创造。所以在信息层面，用户的需求由下至上共分为四个层次：信息的获取、信息的加工与分享、信息的分析、知识的发现、知识的创造。

（2）关系层面需求。这一层面的需求由下至上共分为四个层次：社会参与、社会交往、社会分享、社会认同，并且这四层对应马斯洛需求理论中的第三层到第五层需求，即由对信息的基本需求上升为对关系的需求。

让·梅松纳夫等[115]在《群体动力学》中提出人类有交际的渴望，有希望相互支持的意向，即用户需求中的"爱与归属"，反映到社会网络中就是"关系寻求"，通过用户之间的关系，用户可以加入某社群中，找到群体的归属感，从而可以获得更多的社会资源。

用户在交往的过程中有实现自我尊重和自我认知的需求，即通过"情绪调节"与"自我表达"实现用户之间的相互尊重、与其他用户的认识和交往。

用户"审美"的需求，主要通过用户之间审美观的认同来实现，具有类似观点的用户相互之间容易接受，容易形成具有一定偏好的群体。同时使信息、知识在群体中传递得较迅速，实现"社会分享"。

最后，在群体认同的前提下，出现了社会网络中的"核心人物"，使用户得到社会群体的认同,达到了马斯洛需求层次中的"自我实现"。整体从下到上关系递增的过程中,用户之间的信任不断提升,信任作为一种社会资本,它在用户之间发挥了很大的作用,使得用户关系不断向前发展。

5.1.2　用户关系的形成

用户关系最早是由 Rheingold[116]于 1993 年提出的,Rheingold 认为在虚拟社区中用户在信息交流的过程中会形成人际关系网络,并对它加以深层研究。

王连喜等[117]从微博的应用角度,认为用户关系指用户在使用微博的过程中由于社会交际而形成的社群和在不同的社群中所扮演的角色,从微博的角度认为用户之间的关注关系、社区中的好友或亲情关系、实时交互过程中因共同评论某博文而结成了共同偏好,因此结成了微博中的许多用户关系。

张莉[118]认为互联网用户在信息查寻、获取和分享的过程中,利用各种社会化工具(好友、关注、订阅、标签、分享)等构建了一个复杂的用户关系网络。

胡吉明等[119]认为社会化网络服务中的信息活动皆是在用户交互所形成的关系网络汇总进行的,而用户关系的独有特征直接影响信息活动的开展,包括信息产生、传播、共享、过滤推荐和创新等整个信息流过程。

综合以上学者的研究结果,本书认为社会化标注系统中的用户关系是个体用户在使用社会化标注系统的过程中,由于各种需求而形成了各种活动,如关注、标注、浏览等,随着个体数量不断增多,由具有相似偏好、行为的个体用户逐渐形成了群体,群体用户的偏好和行为分析主要通过用户关系网络来分析。

图 5.4 表示了用户关系的形成过程,网络中的每个个体在偏好的内在动力下,产生了个体需求,然后通过个体行为将用户偏好体现出来,在社会化标注系统中,整个过程就代表了用户个体的标注过程;当个体行为上升到群体行为的时候,群体行为就体现了群体的偏好,而群体的偏好就形成了群体的需求,最后群体的需求形成了群体的行为等;对群体的研究主要通过群体内用户关系的分析,进而发现个性化的信息。

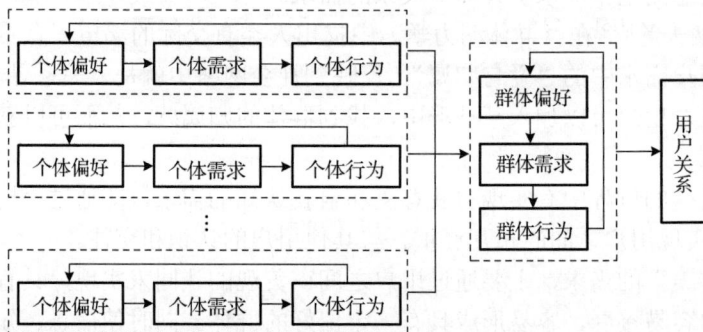

图 5.4　用户关系的形成

5.1.3　用户关系的特征

在社会化标注系统的自组织演化中，用户关系也在不断演化，它在系统内部和外部各种因素的作用下，呈现出动态发展的特征[114,118]，现对文献[114]和文献[118]中用户关系的演化特征进行归纳总结，具体如下。

1. 从无序到有序

社会化标注系统在自组织的涨落机制下不断地从无序到有序再到新的有序，其中的一个能动知识集——用户关系，也在自组织的涨落机制下不断地从无序到有序再到新的有序。首先假设系统中有两个用户，由于相互拥有的知识对双方都有利，所以他们之间可以进行知识的相互传递，使得用户 U_1 的知识不断提高，同时，用户 U_2 的知识也不断提高，两个用户进行不断的协作；随着系统中有新的用户加入，用户集由二元关系进入三元关系，由于知识的流动，三个用户拥有的知识会发生相应的变化，同时他们在网络中的位置发生变化，每个用户都可以通过竞争"有前途的涨落种子[120]"的位置而成为关系网络的核心，主宰信息的流向和关系的构造[114]，即用户关系从无序向有序不断演变。

2. 从去中心化到再中心化

Web 2.0 的出现，使得普通用户参与产生网络内容的门槛变得比较低，使得用户的行为更具有积极性、互动性和选择性，都可以根据自己的需求以自我为中心构建自己的关系圈子[114]，每个用户都可以成为关系网络中的中心人物，使用户关系网络呈现出松散化、去中心化的特征。

但这种现象只出现在社会化标注系统发展的初期阶段，随着用户数量的逐渐增多，系统中每个用户都可以根据自己的偏好创建各种社群，使得社群的种类越来越多，社群的兴趣种类也呈现出细粒度的现象，使用户可以完全从兴趣偏好角度选择资源，从而使社群具有更多的共同性话题。一些用户由于掌握的知识、经验比较多，在群中的活跃度较高，处于强势地位或中心地位，而另一些用户处于弱势地位，其行为、态度受中心人物的影响。同时，从社会学的角度来看，人类具有先天的聚成群的渴望，因为群体能够给人们带来熟识、安全、情感亲近和支持的感觉[114]；而个人天生有一种对权威的服从心理，有意识地接近社群的领域专家、关键人物，使用户关系网络呈现出不同的派系、"中心化"的特征[121]。

3. 从弱关系到强关系

Granovetter[122]研究指出，社会是一个高度相关的群体，每个个体周围的社会网络结构像基因结构一样高度密集，群体内强、弱关系并存，不同类型的用户关系网络结构对用户的影响力也不同，强关系网络中的个体更容易受到群体观念和个体的影响，弱关系网络更有利于信息的传播和扩散[118]。基于虚拟关系建立的社区（BBS 论坛、各种博客社区等），用户关系之间倾向弱连接；而基于现实关系建立的社区（人人网、Facebook 等），用户关系之间倾向强连接。

图 5.5 中两个关系网络的用户数是相同的，但图 5.5(a)是弱关系，图 5.5(b)是强关系。从图中可以看出，两侧的节点数相同，即网络的密度相同，但是图 5.5(a)中的权力更分散，使得网络中的信息也更分散，但用户之间比较平等，网络结构比较均匀，用户之间相互连接较多，用户不容易受到个别点的影响；图 5.5(b)中的权力更集中，网络整体上以黑色的 B 节点为中心，边缘浅色的节点与 B 联系较密切，而相互之间联系较少，所以网络整体上属于强关系，如虚拟社区中的领域专家由于拥有更多的信息、权力，其发布的信息更多，用户对其有很强的信任感，网络整体的小世界效应非常明显。

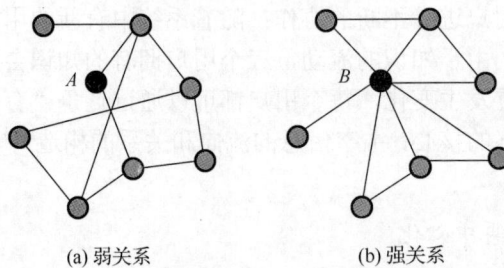

(a) 弱关系　　　　　　　　(b) 强关系

图 5.5　用户关系的强弱

4. 从匿名到实名

传统的网络空间实行匿名控制，带来了用户责任感缺失和人格分裂，造成了无责谩谈、群体极化、交往效率低下等缺点，为了克服这些缺点，新兴的社会化标注系统实行实名制，在满足用户高层次需求的交互中，带来了稳定的责任感和高效率的交往，在某种程度上达到了网络世界里社会性和真实性的回归，如人人网、Facebook 等为用户群的现实生活提供辅助的网络服务，使得基于用户关系的信息传播更具有主动性，传播的信息更具有可信度。

5. 从信息交流到社会资本

马斯洛需求层次理论认为，用户在低层次的需求满足之后，会转向高层次的需求，最后实现自我价值，从信息的角度，低层次的属于基础信息层面的信息需求，高层次的价值需求属于关系层面的需求，其中的自我表达、情绪调节、社会交往等均属于社会资本，用户在交往的过程中寻求社会资本以更好地实现自我价值[4]。用户不断地扩展社会化标注系统中的关系网络，而关系网络不断地积累用户需求的各种社会资本，得到良性发展。

5.1.4　用户关系的类型

贾君支在对国内外各类型标签应用和功能情况全面了解的基础上，对社会标签的应用功能进行了详细分析，按主体性质将网站主要分为五个类型：政府网站、企业网站、商业网站、教育科研网站、个人网站。

现将这五类社会化标注系统应用网站从用户行为的角度对用户关系进行重新划分，具体如表 5.1 所示。

表 5.1　网站类型

网站类型（举例）	行为客体	用户行为
微博类（新浪微博）	博文、音乐等	关注、标注、浏览、转发、评论
虚拟社区类（豆瓣）	书籍、电影、音乐等	关注、标注、浏览、评论
商务网站类（亚马逊网上商店）	图书、软件、家具等	浏览、评论、购买
图书馆类（武汉大学图书馆）	书籍、期刊、论文等	浏览、标注、评论、借阅
娱乐类（优酷网、土豆网）	视频	浏览、标注、评论、转发

其中微博类的网站，如新浪微博，用户的行为主要有关注、标注、浏览、转发、评论等。

虚拟社区类的网站，如豆瓣，用户的行为主要有关注、标注、浏览、评论等。

商务网站，如亚马逊网上商店，用户的行为主要有浏览、评论、购买等。

图书馆类，如武汉大学图书馆，用户的行为主要有浏览、标注、评论、借阅等。

娱乐类的网站，如优酷网、土豆网，用户的行为主要有浏览、标注、评论、转发。

从用户行为的角度综合目前网站中的用户关系，笔者认为社会化标注系统中的用户关系主要有认识和偏好两种，如表 5.2 所示。

表 5.2　用户关系类型

类型 构成	关系类型		
	认识关系	偏好关系	
		大众	特殊
含义	关注	浏览、标注、评论	转发、购买、借阅

1）认识关系

认识关系主要指从用户甲的主页面可以链接到用户乙的主页面，如通过加好友、关注、同事等方式实现，即用户甲认识用户乙，但由于每个用户的兴趣偏好粒度较小，所以认识关系只属于初级别的用户关系。

Yin 等[123]基于微博平台，绘制了用户之间的主要行为表现，即主动关注、相互关注、被关注三种，认为这三种行为在用户的信息处理过程中分别通过信息获取、信息共享、信息传播三种模式实现。具体如图 5.6[123]所示，左侧深色的圆圈表示主动关注的用户，即信息获取；右侧浅色的圆圈表示被关注的用户，即信息传播；中间白色圆圈表示相互关注的用户，即信息共享。

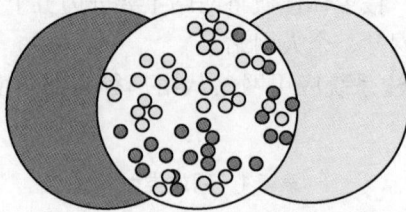

图 5.6　用户间的直接关系[9]

王晓光[124]也基于微博社区平台，认为用户之间的交流基于一种"关注与被关注"的跟随机制，即用户可随时"关注"他人，成为他人的粉丝，此过程为双向可逆过程，用户之间以最简单的"关注"方式进行信息交流，形成一个个大小不一的交流网络[125]。

笔者认为，个性化信息推荐主要就是根据用户的行为，预测用户的偏好，将用户可能偏好的资源推荐给用户。不同类别的社会化标注系统，用户之间初级的认识关系不同，有好友、同事等，但可以用关注关系来代表，如微博、豆瓣网均设有关注栏，主要有主动关注、被动关注和相互关注三种。

2）偏好关系

用户之间的偏好关系指的是用户之间由于具有共同的偏好而形成的关系，由于每个用户的兴趣有很多，但与其好友可能只有某一个突出兴趣相同，所以在上述形成的认识关系中寻求偏好关系可使个性化信息推荐更加精确。偏好关系主要是由用户之间的浏览、标注、评论、转发、购买、借阅等多种行为构成的，其中，浏览、标注、评论三种行为是大众化的，是一般的社会化标注系统中均会发生的行为；而转发、购买、借阅三种行为是特殊行为，如转发针对的是博文、视频、音乐等；购买针对的是商品、图书等；借阅针对的是图书、期刊等，具有资源的特殊性，是针对不同类型的社会化标注系统发生的行为，在本书中以下的偏好关系包括了大众化和特殊化两种。

用户的偏好关系在社会化标注系统中主要是以标签的形式表现的，如表 5.3 所示。

表 5.3　间接关系的表现形式

偏好关系	表现形式
浏览、标注、评论	标签
转发、购买、借阅	

在浏览行为方面，如用户在优酷网观看"零下三十八度"后，系统会挖掘出"零下三十八""潜伏""于和正"等标签，虽然用户没有留下任何标注和评论的信息，只对资源进行了浏览，但是系统也能挖掘出有意义的标签；在标注行为方面，如用户在

豆瓣对自己感兴趣的电影、音乐等添加标签，形成标注过程，系统根据用户留下的标签挖掘用户的兴趣；在评论行为方面，如用户在亚马逊购买商品后，可以添加评论，写出自己对商品本身的评价，或者对购买过程的感想等，系统将根据这些评论内容，挖掘标签，如"很好""无气味""喜欢"等。总体上，用户的偏好关系主要是以标签的形式体现的，所以后面对用户的偏好关系进行研究时主要针对用户之间的标签进行研究。

　　基于认识关系和偏好关系构成的用户关系如图 5.7 所示。

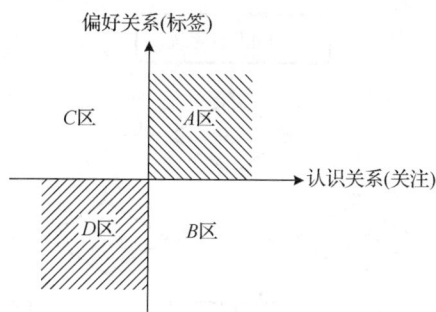

图 5.7　用户关系的构成

　　图 5.7 的横轴表示认识关系（关注），纵轴表示偏好关系（标签）。按照社会化标注系统中用户之间是否存在关注关系和标签关系，在坐标系中共分为四个区域，其中，A 区表示系统中既存在关注关系，也存在标签关系，如豆瓣网；B 区表示系统中存在关注关系，但不存在标签关系；C 区表示系统中不存在关注关系，但存在标签关系；D 区表示系统中既不存在关注关系，也不存在标签关系，但可能存在偏好关系中的转发、购买、阅读等关系，由于它们比较特殊，所以对此区域中的用户关系暂不研究。A 区、B 区、C 区分别对应的推荐方法如表 5.4 所示。

表 5.4　基于用户关系的推荐方法

象限	用户关系	推荐方法
A 区	关注+标签	基于用户关注+标签共现关系推荐
B 区	关注	基于用户关注关系推荐
C 区	标签	基于标签共现关系推荐

　　对于存在关注关系和标签关系的社会化标注系统，可以通过构建用户关注关系和标签共现关系发现用户的偏好，进行预测并加以个性化信息推荐，对于只存在关注关系的社会化标注系统，只能通过用户之间的关注关系进行个性化信息推荐，对于只存在标签共现关系的社会化标注系统，只能通过用户之间的标签共现关系进行个性化信息推荐。

　　综合三个区域的用户关系，只有 A 区较精确，主要由于用户之间既有关注关系，又有标签关系，所以基于 A 区的个性化信息推荐被用户采纳的可能性会很高。

5.1.5　用户关系的分析流程

对用户关系进行分析时，首先要考虑用户认识关系，主要由于用户之间的关注是初级别的，它能代表用户感兴趣的其他用户；其次要考虑偏好关系，即标签共现关系，因为用户的兴趣是多维度的，用户甲可能喜欢用户乙提供的所有信息中的某些信息，不喜欢用户乙提供的其他信息，所以要从标签共现关系中挖掘用户群的偏好，具体用户关系的分析流程如图 5.8 所示。

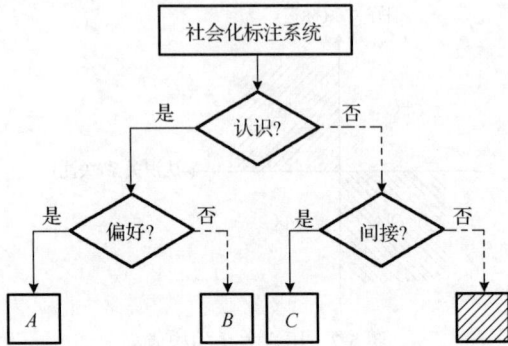

图 5.8　用户关系中社群分析步骤

图 5.8 中底层形成的 A、B、C 三种分支，分别对应图 5.6 中的 A、B、C 三个象限。

5.2　用户关系的维度分析

随着互联网的快速发展，许多学者对网络中形成的用户关系进行了不同侧面的研究，先是社会学领域的学者进行研究，随后，由于用户关系中伴随着信息的流动，所以情报学的学者也开始逐渐关注它的发展。

Lin[126]从社会资本的角度对用户关系进行研究，提出社会资本流动的一个重要渠道就是用户关系网络，用户可以从中获得更多的社会资本。

作者认为，社会化标注系统中的用户关系分析的维度主要有三方面，即三个维度：知识维度、信任维度、结构维度。其中，知识维度和信任维度是从横向社会资本的角度对用户关系展开研究的，侧重用户关系中信息流动的作用机制。下面从三个维度分别加以详细分析，结构维度是从纵向社会网络分析的角度对用户关系的网络结构展开研究的，侧重用户关系网络的动态演化过程。

图 5.9 是用户关系的维度分析坐标，图中 x 轴代表知识维度，y 轴代表信任维度，z 轴代表结构维度；长方体代表三个维度作用下的用户关系；M 点代表处于某一状态下的用户关系点，它对应 x-y 坐标系的 A 点、x-z 坐标系的 B 点、y-z 坐标系的 C 点，表示社会化标注系统中知识和结构作用下形成了 A 点，知识和信任作用下形成了 B 点，

结构和信任作用下形成了 C 点，最后在社会化标注系统的演化作用下，A、B、C 三点形成了用户关系 M 点。

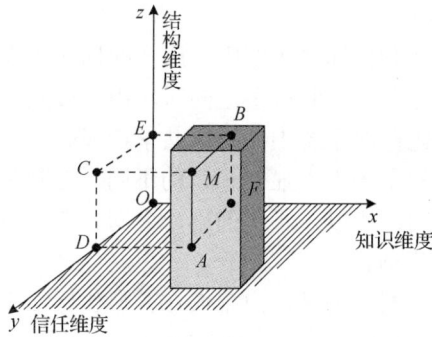

图 5.9 用户关系的维度

5.2.1 知识维

用户关系的第二个维度是知识维，信任维和知识维两者是从平面的角度考虑的维度。国内外的学者最早研究用户关系是将其作为社会资本加以分析的，从情报学界信息的角度，社会资本就是存储在用户关系内部的知识，由于用户关系的形成，用户之间的显性知识和隐性知识能够更好地在用户之间传递、分享。同时，从马斯洛需求的角度，用户的需求在信息层面的高层体现除了对知识的渴求，转换到关系层面之后，体现为一系列的社会活动，从中实现了知识的传递、分享。

用户在信息查寻、获取和分享的过程中通过各种社会化标注系统平台，利用标签、评论、关注、浏览等行为，构建了一个复杂的用户关系网络，使得现实社会的知识传递、分享过程通过虚拟网络环境实现，尤其是各种新兴的社会化标注平台（豆瓣、新浪微博、Twitter、Facebook 等）的不断发展壮大，使用户之间的知识关系逐步映射到网络交互环境中。

随着知识的传递和共享不断正向发展，用户之间的关系也得到不断强化，反之，用户之间的关系不断正向发展，知识的传递和共享也得到不断强化，如图 5.10 所示。尤其是隐性知识方面，这是由于隐性知识具有与显性知识不同的特点，如不可编码性、非结构性、高度个人化等，通常隐性知识的传递和共享只能在用户关系中实现。

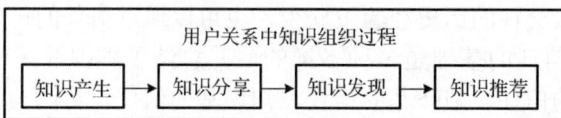

图 5.10 用户关系的知识维

从前期的文献调研分析可知，在用户关系网络中的知识组织过程主要受下面因素的影响。

（1）互惠原则。社会资本理论的研究结果说明，任何用户在知识共享的过程中，都希望得到其他用户的认同、回应和尊重。文献[127]认为虚拟社区中的互惠原则与虚拟社区知识共享有显著影响。

（2）共同价值观。在社会化标注系统中，用户的标注行为会随着与其他用户之间共同语言、共同价值观的存在而不断增多，同时，用户彼此之间的认同感和凝聚力也会不断增多，最终使社会化标注系统中的知识共享增多。

（3）知识势差。不同的用户由于显性知识的不同，尤其是教育背景、经历不同，所拥有的隐性知识就会不同，所以，不同的用户之间就会形成知识势差，而知识势差会影响系统中用户的知识共享。

（4）社会认同。社会认同指的是用户个人在社会化标注系统中分享的信息、发表的观点和看法等得到其他用户的认同。文献[128]认为社会认同度高的用户也会支持系统中的活动、观点等，即社会认同会强化系统中知识的共享。

（5）用户的共享意愿。用户的共享意愿指的是用户是否愿意在社会化标注系统中分享自己的信息、是否愿意将自己掌握的信息链接给其他用户等。

5.2.2　信任维

用户关系的第一个维度是信任维。信任是一个非常古老的概念，国内外的学者最早在情报学界引入信任的概念，也是将其作为社会资本加以分析的，用户在网络中参与社会活动的过程，也是用户之间产生信任的过程，尤其是基于用户关系的个性化信息推荐，只有两个用户之间产生较高的信任度，用户才会信任另一个用户，将偏好的资源推荐给他，他采纳的可能性才会大。

从现有的文献中可以发现与信任有关的词汇有信任度、可信度、可信研究、能力可信等，但是对信任的定义，目前仍没有统一的意见，普遍认为可信性是消息或信源值得相信的程度。

文献[129]认为信任主要取决于实体行为的动态值，有特定的时间、应用于特定的情境。

文献[130]认为信任是基于过去的证据预测一个实体将来的行为。

文献[131]认为信任主要指的是"信任是一个用户根据自己直接获得的经验，对另一个用户的能力、诚信度和可靠性的一种信念"。信任分为直接信任和间接信任，即可以从用户双方的直接交往的历史经验中获得，也可以通过信任的传递能力间接获得。

文献[132]认为信任的基础是多种多样的，并总结了虚拟社区中常见的五种信任基：能力与善意基的信任、威吓基的信任、知识基的信任、认同与归属感信任、规则与制度基的信任等。由于在社会化标注系统中，用户之间的身份是平等的，均属于草根阶层，所以用户之间的信任均是由信息的重要性、中心性的等级来决定的，所以能力与善意基的信任、威吓基的信任存在的可能性较小。同时，知识基的信任、认同与归属感信任、规则与制度基的信任存在的可能性较大。

文献[133]认为在虚拟营销中，影响营销成员企业间相互信任关系产生的影响因素综合为合作经历、声誉、承诺、虚拟企业生命周期、机会主义、相互依赖性、文化与地域差异等。

总体上，在研究文献的基础上，本书认为，在社会化标注系统中，信任主要指的是用户对另一个用户、群体的一种主观认识，这种认识是基于某种其他的事实、经验等得到的。在社会化标注系统中，信任影响了用户的社会标注行为。在信息推荐系统中，信任也是一个非常重要的因素，主要因为它可以在协同推荐系统中作为推荐算法中信息相似度的一个补充，提高信息推荐的准确率。在用户关系网络中，用户之间的信任对最后的个性化信息推荐起到非常重要的作用。

用户关系的信任维如图 5.11 所示，用户从最初的社会化标注系统中参与标注活动，然后发生分享行为，逐渐得到群中其他用户的认同，到最后的自我实现，即自我的社会价值在群中得到实现，整个过程中用户的信任度不断增强，用户关系网络的凝聚力也不断增强。

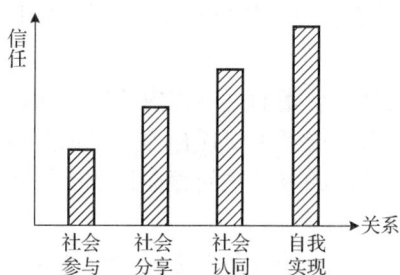

图 5.11　用户关系的信任维

在社会化标注系统中，对于用户关系网络中的信任，影响因素归为如下八个方面。

（1）个人声誉。在社会化标注系统中，如果用户没有标注行为，则核心人物的个人声誉对于该用户的信息推荐将起到很大的作用，主要由于核心人物拥有诚实、公平、可信赖的声誉，他在系统中的行为也将更加透明、更值得信任，所以个人声誉与信任之间呈正相关关系。

（2）知识基础。知识基础指的是当一个人对别人有充分的认识信息时，就可以了解对方并正确地预测对方可能的行为[134]，在社会化标注系统的用户关系网络中，当用户对核心人物或者声望较高的人物有充分的知识基础时，他就很容易接受基于核心人物的信息推荐，而核心人物的偏好有时代表了群体用户的偏好。

（3）归属感。归属是人的一种心理需要，在用户关系网络中，用户往往更愿意相信群内的与自己有共同偏好的用户推荐的信息，这主要因为用户属于这个群体，当群内有共同的正向的一些偏好信息时，作为群体中的一分子，当然也非常愿意接受这些正向的偏好信息。

（4）合作经历。由于社会化标注行为是嵌入在用户关系中的，用户之间通过标注行为，即转发、分享、浏览等形成不同的用户关系网络，用户以前的系统信息推荐经历会影响后续的信息采纳情况，愉快的合作经历能够促进用户之间的相互信任，反之，信任也促进了合作经历，两者之间呈正相关关系。

（5）共同规范。在社会化标注系统中，有效的规范制度可以提供共同遵守的规则，起到约束和制裁的作用，对于遵守规范的用户可以获得保障，对于违反规范的用户施以正式或非正式的处罚等。例如，科学网中的用户活跃度，用户可以凭借自己在科学网上积累的活跃度来下载自己偏好的信息资源，但每个信息资源都会不同程度地减少用户的活跃度；百度文库中用户可以对自认为好的文章评分，或者上传文库中没有的相关信息资料，从而获得相应的财富值。

（6）群体身份。群体身份主要指的是信任者和被信任者双方的认知角度的不同，进而对群内的支持和对群际的反对[135]。文献[136]通过比较实验，证明因为群体代表身份启动了群体成员的群体信任，所以群体身份在群内成员产生互惠偏爱的感觉，而对群际产生相反的感觉。在社会化标注系统中，用户按照用户关系自然形成群体，在群体与群体之间，由于用户的群体身份，导致基于群际的信息推荐产生了信任阻碍。

（7）群体支持。群体支持主要指的是群体内的成员对群体各方面事务的支持，一般当群体成员即使表现出对群内成员不信任行为时也很难被群外成员察觉[135]。在社会化标注系统中，由于每个群体内的成员之间存在群体支持行为，所以基于群际的信息推荐会受到不同程度的影响。

（8）责任分散。由于群体成员的匿名性造成了群体成员的私立行为，进而影响了群际的信任，当群体成员处于匿名地位时，单个群体成员的决策很难被外群体成员知道，所以成员具有了逃避责任的机会[135]。

5.2.3　结构维

用户关系的第三个维度是结构维。结构维主要是从空间结构维度方面分析用户关系网络内的网络密度、核心用户、群体聚类等特点，由用户之间的信息互动、知识分享行为构建起来的用户关系网络是典型的自组织复杂网络，具备无尺度网络的拓扑结构特征，即少数核心人物与大多数用户建立关联，而大多数用户之间却没有关联，随着网络中用户不断增加，少数核心人物链接的用户关系网络越来越多，其在网络中的中心性也越来越明显，表现出明显的幂律分布特征[118]。

图 5.12 描述了用户关系网络的拓扑结构，图中的黑色节点代表关系网络中的中心节点，即核心人物，新加入的用户不断地靠近中心节点，通过用户的行为使得用户关系网络中的幂律分布越来越明显；同时，通过分析网络的密度和距离、凝聚子群、中心性等，可以深度挖掘用户关系网络的结构特征。

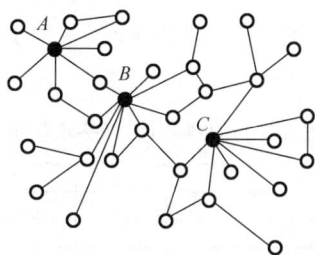

图 5.12　用户关系的结构维

5.3　用户关系的社会网络结构

社会网络分析作为一套成熟的理论与方法，它的定义是对社会关系结构及其属性加以分析的一套规范和方法，它主要分析的是不同社会单位（个体、群体或社会）所构成的关系的结构及其属性[137]。

通过社会网络分析理论和方法可以对社会化标注系统中的用户关系结构进行研究，社会网络分析主要从用户关系的角度研究社会现象和社会结构，它处理的对象是关系数据，分析的单位是关系。

社会网络研究的内容主要包括两个层次：个体网和整体网。个体网指的是一个个体和与之相连的个体构成的网络，研究的角度是从个体为中心构成的网络进行分析；整体网指的是一个群体中所有成员之间的关系构成的网络，研究的角度是从群体对个体的影响进行分析。本书所分析的用户关系网络属于整体网，主要采用的方法是社群图和矩阵代数方法。社群图是由莫雷诺在其创立的社会计量学中最早使用的，由于它具有简洁、清晰的优点，网络中的关系可以清楚地展现出来，网络具有的结构特征也非常明显，所以有关社会网络分析的研究大部分都采用社群图的方法。但由于社群图涉及的点很多，如 200，图形很复杂，很难分析它的结构，所以，可以同时采用矩阵代数方法，行和列表示网络中的行动者，矩阵中的数值代表行动者之间的关系。

社会化标注系统中用户关系的网络结构主要从幂律分布、网络密度、核心-边缘分析、中心性四个指标来分析。

5.3.1　幂律分布

在社会化标注系统中，用户关系主要通过用户之间的标签共现矩阵体现，使用相同或相似标签的用户群体在一定程度上能够反映他们具有共同的阅读兴趣和知识倾向，表明用户之间存在一定的潜在关系，这种关系可以用标签的共现来分析[125]。

首先对用户的所有标签进行频次降序排序，得到标签的频次排序，表 5.5 为用户拥有的标签示意图，其中的高频标签如表 5.6 所示。表中 T_i 表示标签，i 为 1～p，表

示有 p 个高频标签；N_j 表示每个标签出现的频次，j 为 $1\sim p$，具体 N_j 的值由系统中样本数据的收集来定。

表 5.5　用户拥有的标签示意图

U_1	T_1、T_6、T_7、T_{11}、T_{21}、T_{35}、T_{44}	U_7	T_3、T_5、T_9、T_{14}、T_{19}、T_{24}、T_{31}、T_{36}
U_2	T_1、T_{12}	U_8	T_4、T_5、T_6、T_{10}、T_{15}、T_{20}、T_{25}、T_{32}、T_{37}
U_3	T_{17}、T_{29}	$\vdots$	
U_4	T_2、T_{22}、T_{27}	U_{n-2}	T_{18}
U_5		U_{n-1}	T_{44}、T_{45}、T_{46}、T_{47}、T_{48}
U_6	T_2、T_3、T_4、T_8、T_{13}、T_{18}、T_{13}、T_{23}、T_{28}、T_{30}	U_n	T_{49}、T_{50}

表 5.6　标签频次排序

序号	标签	频次	序号	标签	频次	序号	标签	频次
1	T_1	N_1	6	T_6	N_6	11	T_{11}	N_{11}
2	T_2	N_2	7	T_7	N_7	$\vdots$	$\vdots$	$\vdots$
3	T_3	N_3	8	T_8	N_8	$p-2$	T_{p-2}	N_{p-2}
4	T_4	N_4	9	T_9	N_9	$p-1$	T_{p-1}	N_{p-1}
5	T_5	N_5	10	T_{10}	N_{10}	p	T_p	N_p

然后构建用户的标签共现矩阵，分析用户共同使用每个标签的具体情况，如果两位用户同时使用过某个标签 3 次，则两位用户的标签共现值就为 3，矩阵中斜对角线均设为某一值，如 0，表示用户与自身之间的关系。最后形成的标签共现矩阵如表 5.7 所示，表中 U_k 表示关系网络中的某个用户，U_n 表示网络中共有 n 个用户。

表 5.7　标签共现矩阵示意图

	U_1	U_2	U_3	U_4	U_5	U_6	U_7	U_8	...	U_{n-2}	U_{n-1}	U_n
U_1	0	1	0	0	0	0	0	1	...	0	1	0
U_2	1	0	0	0	0	0	0	0	...	0	0	0
U_3	0	0	0	0	0	0	0	0	...	0	0	0
U_4	0	0	0	0	0	1	0	0	...	0	0	0
U_5	0	0	0	0	0	0	0	0	...	0	0	0
U_6	0	0	0	1	0	0	1	2	...	0	0	0
U_7	0	0	0	0	0	1	0	2	...	0	0	0
U_8	1	0	0	0	0	2	2	0	...	0	0	0
$\vdots$	$\vdots$	$\vdots$	$\vdots$	$\vdots$	$\vdots$	$\vdots$	$\vdots$	$\vdots$		$\vdots$	$\vdots$	$\vdots$
U_{n-2}	0	0	0	0	0	0	0	0	...	0	0	0
U_{n-1}	1	0	0	0	0	0	0	0	...	0	0	0
U_n	0	0	0	0	0	0	0	0	...	0	0	0

社会化标注系统中，标签的分数呈现幂律分布，具体如图 5.13 所示，图中排在前几位数量较少的标签具有较大的使用次数，为多数用户所使用，而排在后面大量的标签使用次数非常少，体现出明显的幂律分布。

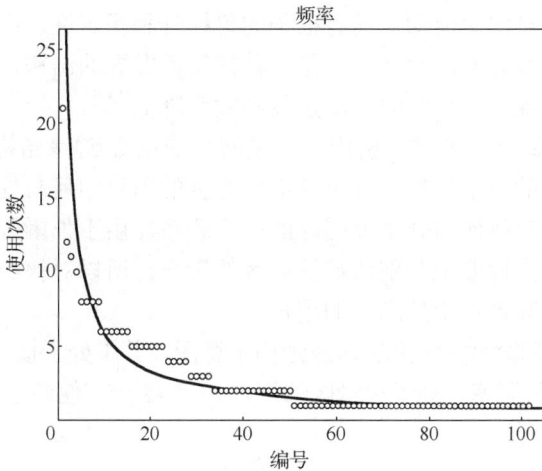

图 5.13　标签的幂律分布

5.3.2　网络密度

整体网分为无向关系网和有向关系网。无向和有向的区别主要是关系网络中的行为是单向的，还是相互之间的。本书研究的是无向关系网，无向关系网的密度描述了一个网络中各个点之间关联的紧密程度。网络密度的含义是：假设网络中有 n 个行动者，其中包含的关系总数实际数目为 m，在理论上的最大可能值是 $n(n-1)/2$，该网络的密度等于 $2m/n(n-1)$，见式（5.1），它的测度取值范围是[0,1]，一个完备图的密度为1，它反映的是网络关系的密切程度，即密度越大，表明网络成员之间的关系越密切，公式为

$$网络的密度 = 2m/n(n-1) \qquad (5.1)$$

在社会化标注系统中，由标签共现构成的用户关系的网络密度与用户的节点数量和用户之间的关系数量有关，在用户节点数量一定的前提下，网络中实际关系数量越多，即在理论数量的衡量下，用户关系的网络密度就越大，则该网络对其中用户的态度、行为等产生的影响可能就越大[138]。

5.3.3　核心-边缘结构

核心-边缘结构指的是由若干行动者构成的中心比较聚集、边缘比较稀疏的一种特殊结构[128]，它可以揭示一个社会网络中哪些行动者分别处于核心、边缘地位，并找到这些结构之间的关系。它的主要特点是处于核心区域的行动者形成的凝聚子群，不能够再被划分，可视为 1-块，而处于边缘区域的行动者可视为 0-块，他们之间比较分散，呈散射状分布，但都有向核心区的行动者靠拢的趋势，并且一般是刚进入此网络的新成员。

此结构能够让信息快速流动，具有很强的鲁棒性和稳定性，许多分散的系统经过时间的推移将共同联系并形成此结构，是一种持续性发展的结构，但是，如果核心区域过度紧密，也会导致一个系统的活动过载和效率降低[139]。

在社会化标注系统中，通过分析用户关系网络的核心-边缘结构，可以研究整体网络的信息传递、知识的组织特性，分析处于核心区的用户如何与处于边缘区的用户联系，处于边缘区的用户如何与处于外围区的用户联系。由于外围区的用户之间标签共现的程度较小，在很大程度上分别依赖核心区的用户，所以对核心区的用户拥有的资源进行分析，可以将其推荐给外围区的用户。

图 5.14 是用户关系网络的核心-边缘结构示意图，其中处于核心节点的用户共有 8 个，他们之间连接比较紧密，处于边缘区的用户共有 12 个，他们之间的连接比较稀疏。

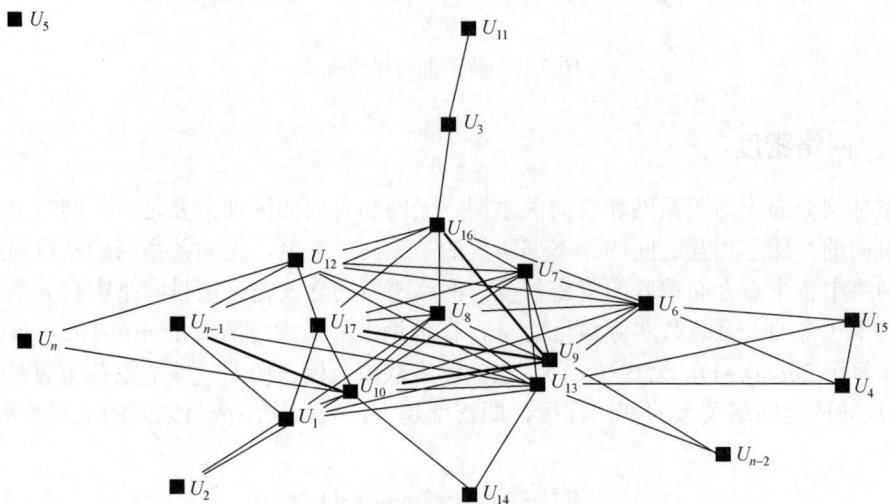

图 5.14　核心-边缘结构示意图

图 5.14 中核心区域的用户联系比较紧密，其中，有些用户之间的连线比较粗，如用户 U_{n-1} 和 U_{10}、U_{17} 和 U_9 之间的连线，说明标签共现的频次较多，说明两者的偏好有很大的相似性。边缘区的用户大多与核心区的用户相连，而他们相互之间联系比较松散，除了 U_4 和 U_{15} 之间有连接，其他的都是与核心区的用户相连。网络中 U_5 是孤立点，没有与任何用户相连。整体网络呈现出明显的核心-边缘结构。

在大数据环境下，社会化标注系统中的数据非常庞大，初次取得的核心区用户节点很多，相互间联系复杂，可以用核心-边缘结构对用户关系网络进行多次迭代分析，每次对分析得到的核心区用户进行再次核心-边缘分析，直到对网络的结构非常清晰。

5.3.4　中心性

由于核心-边缘理论只说明了点的位置，但是没有定量地给出每个点的中心度，所以还需要分析用户关系网的中心性[138]；同时从社会网络的角度看，一个抽象的人是没有权力的，一个人之所以拥有权力，是因为他与他者存在关系，可以影响他人，即一个人的权力，网络中一个行动者的权力主要通过网络的中心性来量化，即中心度和中心势指数。

1）中心度

中心度主要是从个体的角度测量的，它是由弗里曼（Freeman）于 1979 年提出的，主要测量个体处于网络中心的程度，对个体权力的量化分析，主要包括三种指标：点的度数中心度、点的接近中心度、点的中间中心度。

点的度数中心度指的是行动者自身的行动能力，没有考虑能否控制他人，它的计算主要是与该点直接相连的点数，如果一个点与许多点直接相连，则该点具有较高的度数中心度。

点的接近中心度指的是行动者在多大程度上不受其他行动者的控制，它的计算方法见式（5.2），其中 d_{ij} 是 i 点和 j 之间的捷径路径（即捷径中包含的线数），即

$$C_{AP_i}^{-1} = \sum_{j=1}^{n} d_{ij} \qquad (5.2)$$

点的中间中心度是如果一个行动者处于许多交往网络的路径上，可以认为此人居于重要地位，测量的是行动者对资源控制的程度。一个点的中间中心度如果为 0，则意味着该点不能控制人和行动者，处于网络的边缘，如果一个点的中间中心度为 1，则意味着该点可以 100%地控制其他行动者，处于网络的核心，拥有很大的权力。

假设点 j 和 k 之间存在的捷径数目用 g_{jk} 来表示。第三个点 i 能够控制此两点交往的能力用 $b_{jk}(i)$ 来表示，即 i 处于点 j 和 k 之间的捷径上的概率，点 j 和 k 之间存在的经过点 i 的捷径数据用 $g_{jk}(i)$ 来表示，那么 $b_{jk}(i)$ 的计算公式为

$$b_{jk}(i) = g_{jk}(i)/g_{jk} \qquad (5.3)$$

把点 i 相应于图中所有的点对的中间度加在一起，就得到该点的绝对中间中心度（记为 C_{AB_i}），它的计算方法为

$$C_{AB_i} = \sum_{j}^{n} \sum_{k}^{n} b_{jk}(i), \quad j \neq k \neq i, j < k \qquad (5.4)$$

图 5.15 是用户节点的三类中心度，从左到右依次是度数中心度、接近中心度、中间中心度。在社会化标注系统中，如果一个用户的中心度很高，就说明他处于该网络的核心区，如用户 U_{13} 的点度中心度、中间中心度、接近中心度均处于最高值，说明他是该网络中的核心用户，然后依次是用户 U_{10} 等。

一般一个用户的点度中心度比较高，他的接近中心度和中间中心度也比较高，但也有例外情况，如用户 U_{16}，他的度数中心度居中等，但是中间中心度为最高 19.635，比度数中心度最高的用户 U_{13} 的 18.168 要高，这主要是由于中间中心度测量的是一个

用户对资源控制的程度，如果他处于许多用户相互交往的路径上，则他就能掌握标注系统中的很多资源的流动，所以对该用户拥有的资源的分析，将会对网络的信息推荐起到很大的作用。从结构洞的角度来看，用户 U_{16} 处于桥的位置，属于一种稀缺资源，他自身处在其他几个节点的交往路径上，在一定程度上控制着其他节点的交往，即挖掘用户 U_{16} 的相关资源，可以推荐给他所联系的其他用户。

规范化的中心度方法		1 度数中心度	2 接近中心度	3 中间中心度
1	U_1	36.842	36.538	3.571
2	U_2	10.526	29.688	0.000
3	U_3	10.526	29.231	9.942
4	U_4	15.789	32.759	0.000
5	U_5	0.000		0.000
6	U_6	47.368	39.583	9.382
7	U_7	42.105	38.776	1.473
8	U_8	47.368	39.583	2.550
9	U_9	42.105	38.776	5.571
10	U_{10}	57.895	39.583	15.149
11	U_{11}	5.263	23.171	0.000
12	U_{12}	42.105	38.000	5.337
13	U_{13}	63.158	40.426	18.168
14	U_{14}	10.526	31.667	0.000
15	U_{15}	15.789	32.759	0.000
16	U_{16}	42.105	38.000	19.635
17	U_{17}	42.105	38.776	2.320
18	U_{n-2}	10.526	32.203	0.084
19	U_{n-1}	26.316	36.538	2.003
20	U_n	10.526	31.667	0.137

图 5.15　点的中心度示意图

2）中心势

中心势主要是从图的角度测量的，主要测量图的总体整合度或者一致性，它可以围绕某些中心点达到一定的中心势，相应于点的中心度计算方法，图也有三种，但本书中只用了图的中间中心势，具体计算方法为

$$C_B = \frac{\sum_{i=1}^{n}(C_{AB_{max}} - C_{AB_i})}{n^3 - 4n^2 + 5n - 2} = \frac{\sum_{i=1}^{n}(C_{RB_{max}} - C_{RB_i})}{n-1} \tag{5.5}$$

$$C_{RB_i} = \frac{2C_{AB_i}}{n^2 - 3n + 2} \tag{5.6}$$

式（5.5）中 C_{AB_i} 是点 i 的绝对中间中心度，C_{RB_i} 是相对中间中心度，它的计算方法见式（5.6）。$C_{AB_{max}}$ 是所有点中点的最大绝对中间中心度，$C_{RB_{max}}$ 是所有点中点的最大相对中间中心度。如果用户关系网络的中心势比较高，就说明网络总体的整合度或一致性较高，如果中心势较低，则说明网络中边缘区域的点比较多，分散了整体网的一致性。

5.4　用户关系的凝聚子群

在社会化标注系统中，对用户关系的分析最主要的就是对凝聚子群的分析，从而得到用户的偏好集合，进行信息推荐，具体分析过程如图 5.16 所示。

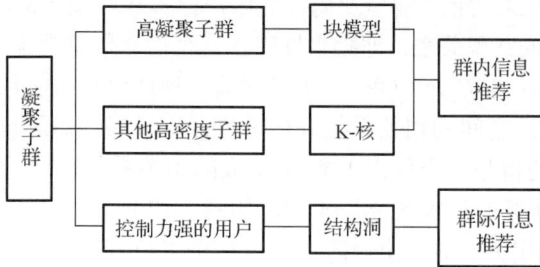

图 5.16　用户关系的凝聚子群分析过程

图 5.16 中对凝聚子群的分析主要从三个方面展开，首先分析核心区的凝聚子群，利用块模型的方法，发现整体网络的所有凝聚子群、各凝聚子群自身凝聚的强弱、不同凝聚子群之间的连接程度等；然后分析其他高密度子群，主要通过 K-核分析方法中的塌缩序列，发现处于边缘区的以某些用户为中心的凝聚子群；最后分析控制力强的用户，利用结构洞的方法，发现某些具有较强的控制力、处于结构洞位置的用户，他可以控制与他连接的其他用户的信息传递。其中，前两种研究主要分析的是在群内以核心用户为主的信息推荐，将核心用户所掌握的信息资源推荐给群内的其他用户；最后一种研究主要分析的是群际之间的信息推荐，对处于结构洞位置的用户连接的其他用户所处的子群进行偏好分析，然后将两个不同子群的偏好通过结构洞用户进行推荐。下面分别从块模型、K-核、结构洞三个角度详细分析用户关系的凝聚子群。

5.4.1　块模型

在社会网络分析中，可以根据"结构对等性"对行动者进行聚类[138]。块模型就是常用的分类方法，它主要关注网络的总体结构。块模型分析最早是由怀特、布尔曼和布雷格于 1976 年提出的，主要思想是一个网络的最基本特征可以从各个点集之间的关系中明显看到，并且这些关系的本质可以通过像矩阵的各个格值（块）体现出来[138]。

定义 5.1　一个块模型是由如下两项组成的：①把一个网络中的各个行动者按照一定标准分成几个离散的子集，称这些子集为"位置"，也可称之为"聚类""块"；②参考每个位置之间是否存在关系。所以一个块就是邻接矩阵的一部分，是一个整体中的子群体。

定义 5.2　一个块模型是把一个网络 N 中的行动者分区成为各个位置 $B_1, B_2, \cdots, B_B$，并且存在一个对应法则 Z，它把行动者分到各个位置中，即如果行动者 i 处于位置 B_K

中，则 $Z(i)=B_K$。用 b_{klr} 表征位置 B_K 和 B_L 在关系 X_r 上是否存在联系，如果存在联系，则 $b_{klr}=1$，否则 b_{klr} 为 0。

邻接矩阵中的各项都称为"块"，每个块实际上对应的是初始矩阵的一个子矩阵，如果某块为 1，称为 1-块，如果为 0，称为 0-块。

社会化标注系统中，对标签共现的用户关系进行块模型分析，可以得到哪些块内部的用户在结构上是结构对等的，哪些块内部的用户标签共现频次超过了平均值，哪些块内部的用户存在密切的共现关系，即凝聚性较强、个性化信息推荐准确率会更准确。

块模型常用的方法是 CONCOR 方法，它是一种迭代相关收敛法。如果对一个矩阵中的各行（或者列）之间的相关系数进行重复计算（当该矩阵包含此前计算的相关系数时），最终产生的将是一个仅由 1 和-1 组成的相关系数矩阵。

CONCOR 方法计算的步骤共分为 4 步，如图 5.17 所示。

（1）根据皮尔逊相关系数找出矩阵中有多少个"位置"。

（2）根据密度表和一定的标准，确定各个"位置"是 0-块，还是 1-块；如果其中的某些 1-块密度之间差距比较大，可以对密度高的块进行再次块分析，直到 1-块密度比较均衡。

（3）给出高度概括性的"像矩阵"。

（4）画出简化图。

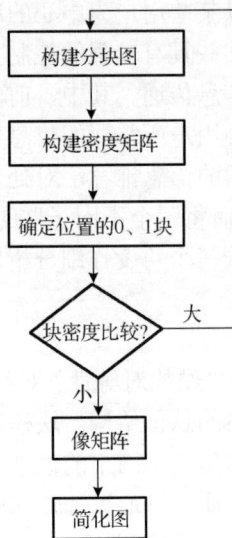

图 5.17　CONCOR 方法计算步骤

第（2）步中，由于需要根据一些标准确定各个块的取值，区分是 1-块，还是 0-块，常用的是密度指标，本书用整个网络的平均密度值来衡量，同时为简化分析过程，将原来的多值标签共现矩阵进行归一处理，转换为 0-1 矩阵。例如，对表 5.8 标签共现矩阵进行块分析，得到分块图、块密度矩阵等结果。

图 5.18 是用户关系网络的分块图，图中所示说明，利用块模型分析法可以将样本数据分为七大块，每块包含的用户如表 5.8 所示。

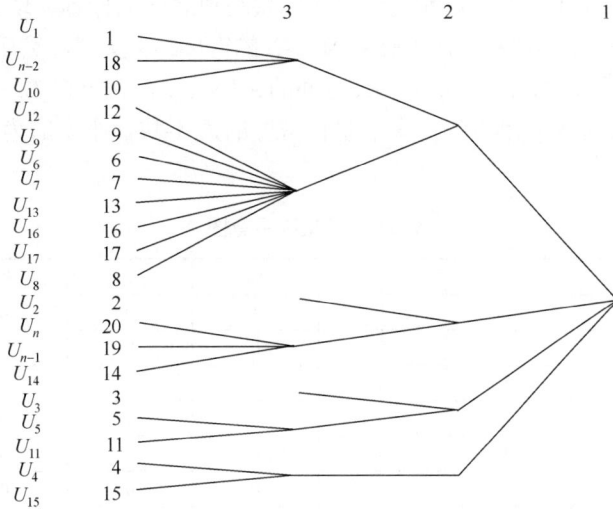

图 5.18　块模型示意图

表 5.8　各块中聚集的用户

块	用户
K_1	U_1、U_{n-2}、U_{10}
K_2	U_{12}、U_9、U_6、U_7、U_{13}、U_{16}、U_{17}、U_8
K_3	U_2
K_4	U_n、U_{n-1}、U_{14}
K_5	U_{15}、U_4
K_6	U_3
K_7	U_{11}、U_5

表 5.8 中每个块内部的用户在结构上是对等的。其中 K_3 和 K_5 的用户单独构成一块，该用户的结构不与任何用户结构对等，用户关系网络的块密度矩阵如图 5.19 所示。

块密度矩阵

	1	2	3	4	5	6	7
1	0.333	0.500	0.667	0.444	0.000	0.000	0.000
2	0.500	0.839	0.000	0.208	0.250	0.125	0.000
3	0.667	0.000		0.000	0.000	0.000	0.000
4	0.444	0.208	0.000	0.000	0.000	0.000	0.000
5	0.000	0.250	0.000	0.000	1.000	0.000	0.000
6	0.000	0.125	0.000	0.000	0.000		0.500
7	0.000	0.000	0.000	0.000	0.000	0.500	0.000

图 5.19　块密度矩阵示意图

图 5.19 是用户关系网络的块密度矩阵, 矩阵斜对角线上的数值表示每个块内部的密度; 空白的地方是由于该块内的用户只有一人, 无法进行结构测度, 如 K_3、K_6 中分别只有 1 个用户; 其他值表示行和列值对应的块与块之间的标签共现关系。

以网络的整体密度 0.2868 作为临界值, K_5 的密度最大为 1, 然后是 K_2 的密度为 0.857; 块之间的联系最大的是 K_1 与 K_3 之间的共现关系, 为 0.667, 其他的值都比较小。将该图转换成对应的像矩阵, 大于整体密度的为 1-块, 小于的为 0-块, 如表 5.9 所示。

表 5.9　像矩阵示意图

	K_1	K_2	K_3	K_4	K_5	K_6	K_7
K_1	1	1	1	1	0	0	0
K_2	1	1	0	0	0	0	0
K_3	1	0	0	0	0	0	0
K_4	1	0	0	0	0	0	0
K_5	0	0	0	0	1	0	0
K_6	0	0	0	0	0	0	1
K_7	0	0	0	0	0	1	0

表 5.9 中的斜对角线表示每个块内部用户的关联程度, 即块内部的用户凝聚度, K_1、K_2、K_5 的内部凝聚度比较高, 均处于 1-块; K_3、K_4、K_6、K_7 四个块内部的联系较为疏松; K_1 与其他子块的联系比较密切, 多数为 1-块。根据该像矩阵, 得到用户关系的简化图, 如图 5.20 所示。

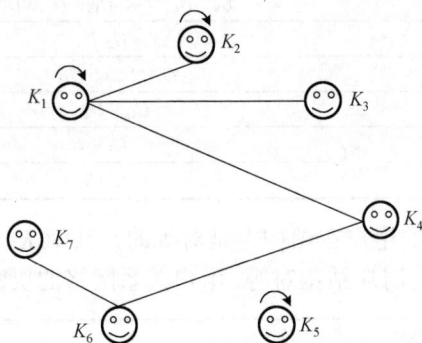

图 5.20　用户关系简化示意图

从图 5.20 中可以发现, K_1 中的用户在关系网络中处于绝对权威地位, 该子块内部用户之间具有很强的凝聚性; K_2 和 K_5 内部用户的凝聚性也比较强, 同时 K_2 与 K_1 有关联, 但 K_5 属于独立块, 没有与任何块有关联; K_6 处于 K_4 与 K_7 关联的路径上, 充当经纪人的角色; K_3、K_4、K_6、K_7 内部用户标签共现程度较疏松。

从块内的凝聚性角度出发, 将每块内用户拥有的资源进行聚合, 如表 5.10 所示。

表 5.10　用户群内部资源聚合

群体	用户	偏好的书籍
K_5	U_{15}、U_4	T_2、T_{22}、T_{27}
K_2	U_{12}、U_9、U_6、U_7、U_{13}、U_{16}、U_{17}、U_8	T_3、T_4、T_5、T_{23}、T_{30}、T_{36}、T_{37}
K_1	U_1、U_{n-2}、U_{10}	T_{11}、T_{12}、T_{13}、T_{14}、T_{18}

由于 K_5、K_2 和 K_1 内部的凝聚性比较强，所以内部用户的标签可以相互推荐，用户采纳的可能性也较强，如 $K_5(U_{15}$、$U_4)$ 内部的凝聚性最强，所以两者之间的信息资源可以相互推荐，采纳的可能性也最强。

这是基于群内的个性化信息推荐，对于 K_5，其中的用户 U_{15} 和 U_4 处于结构对等的位置，两者的信息资源可以相互推荐；对于 K_2，其中的用户 U_{13} 的点度中心值最高，所以可以将其拥有的信息资源推荐给群内的其他用户；同理，对于 K_1，其中的用户 U_{10} 的点度中心值最高，所以可以将其拥有的信息资源推荐给群内的其他用户。

5.4.2　K-核

K-核是研究复杂网络的层次结构非常有效的方法，从中可以发现具有凝聚性的子群，它是以度数为基础的一种测量标准，对成分结构的研究可以运用最小度标准，以便区分高、低凝聚力的领域。对一个图的"K-核"结构分析是对密度测度的一个重要补充，一个 K-核是一个最大子图，其中的每个点都至少与其他 K 个点连接：其中的每个点的度数都至少为 K。这样，一个简单的成分就是一个"1-核"，其中所有点都相连，因而其度数至少为 1；"2-核"就是去掉所有度数为 1 的点，考察剩余各个点之间的关联结构，它是由那些度数为 2 的剩余关联点组成的，其他的以此类推。

K-核分析是一层一层地分析网络的结构，从外向内层延伸的扩展式分析。对于一个无向图 $G=(V, E)$，V 为用户点，E 为用户之间的标签共现集，在集合 $W \subseteq V$ 中最大的子图 $H_K = (W, E|W)$ 就是 K-核，即对于任意的 $v \in G$，度 $P_{H(v)} \geqslant K$，此时网络中存在 K-核[139]。

节点的度数与核数有一定的相关性，但并不是绝对的。一般度数较大的节点，所位于的核数也较大，但是有的节点会有例外，反之，核数大的节点度数一般也大，但不是绝对的。

1）K-核节点的传播能力

首先，K-核的分解是通过递归的方法逐渐移去网络中所有度值小于或等于 K 的节点，通过 K-核的分解，能够描述网络的结构特性，揭示网络层次性质。那么，最小 K-核节点为网络最外层的节点，图 5.21 是用户关系网络的 K-核分析示意图。

从图 5.21 中可以看出，n 位用户可以进行 4 种分区，其度数分别为 2、3、5、6，其中 6-核是最大的连通子图，包括的用户节点也处于核心-边缘图的核心区，其中的每个用户节点至少与图中的其他 10 个用户节点相连。从最大的 6-核到 5-核、3-核，最后是最小的 2-核，大核都是小核的子图，在小核中可以完全找到大核中包含的用户节点。从小核到大核聚类的过程中，每级可能会产生剩余节点。

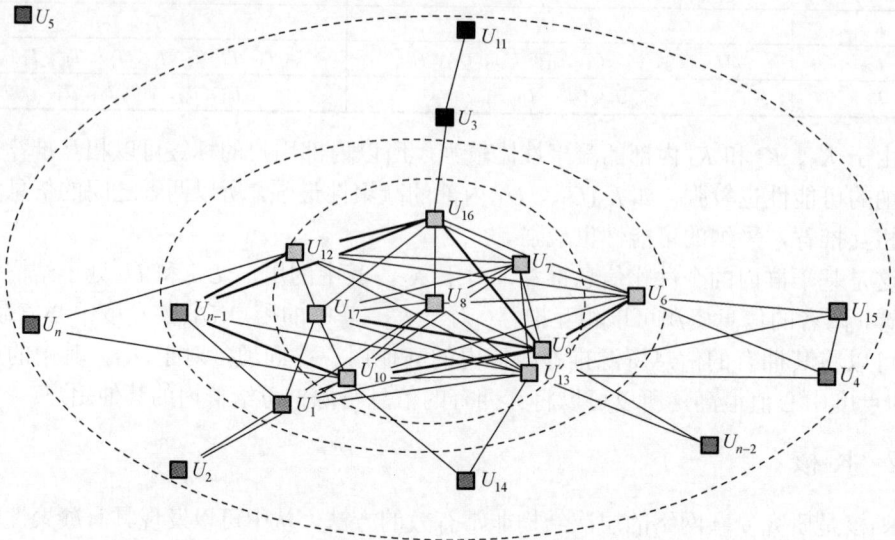

图 5.21　用户关系网络的 K-核分析示意图

其次，最小 K-核节点的 K 值一般是相同的，均为 0 或 1，所以仅靠节点的度很难区分界定的传播能力[140]，最小 K-核节点邻居集合中最大 K 值的深度指标 $d(i)$，表示为

$$d(i) = \max\{K_j\}, \quad j \in J(i) \tag{5.7}$$

式中，$J(i)$ 为节点 i 的邻居集合；K_j 为节点 j 的 K 值，它可以判断最小 K-核节点与网络的其他层级节点的连接关系，尤其可以用来判定一个节点是否为中心节点的邻居；$d(i)$ 表示用户关系网络 K-核中每个节点的深度。

表 5.11 中用户节点 U_4 和 U_{15} 的深度均为 3，由于用户节点的深度越大，其传播能力就越高[140]，结合图 5.21 所示的 K-核分析，U_4 和 U_{15} 的信息传播能力较高，可以将其拥有的信息资源推荐给其他用户。

表 5.11　最小 K-核中节点深度

节点	深度	节点	深度	节点	深度
U_5	0	U_n	1	U_{n-2}	1
U_{11}	1	U_2	1	U_4	3
U_3	1	U_{14}	1	U_{15}	3

2）K-核塌缩

K-核是在整个图中的一个凝聚力相对较高的区域，但它不一定是最大的凝聚子图，因为有可能存在一些相互之间联系松散，但却有很高凝聚力的区域，即网络存在总体分裂性。赛德曼用核塌缩序列来估计一个网络的总体分裂性，核塌缩序列主要针对的是网络中每次升级聚类产生的剩余节点，一个 K-核中的点可以分为两个集合：在 $K+1$ 核中的点和不在该核中的点[139]。赛德曼把后一群体称为 K-剩余集合，每当 K 增加一个单位，从核中消失的点所占的比例可以排列为一个向量（即一行简单的数值），可用该向量描述成分内部的局部密度结构[139]，如果向量中的值持续增加到比较高的 K，说明网络的结构具有一致性，如果向量中的 K 值在较低的值出现以后持续出现了 0 值，说明网络中存在多个高密度区。

表 5.12 中，随着 K-核的逐渐塌缩，K 值在从 0 到 11 增加的过程中产生了许多剩余节点，得到的核塌缩序列为（0.05，0.1，0.15，0.00，0.10，0.15，0.45），序列的变化如图 5.22 所示。

表 5.12　用户关系网络中 K-核的塌缩

K 值	剩余用户节点	剩余点所占比例
0	U_5	0.05
1	U_{11}、U_3	0.10
2	U_2、U_{14}、U_{n-2}、U_n	0.15
3	0	0.00
4	U_4、U_{15}	0.10
5	U_1、U_{n-1}	0.15
6	U_{12}、U_{13}、U_9、U_{10}、U_6、U_7、U_8、U_{16}、U_{17}	0.45

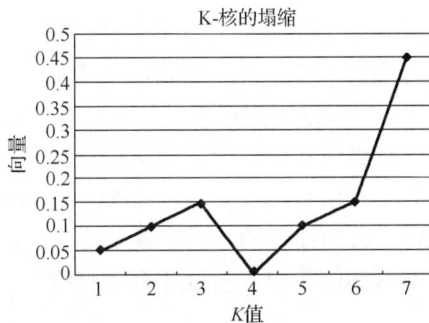

图 5.22　K-核的塌缩序列

从图 5.22 中可以发现，当 K 处于[1, 3]区间时，向量值为 0.05～0.15；然后，当 K 为 4 时，向量值为 0，除塌缩序列有小幅变动以外，向量值整体上是逐渐增大的，所以 K 分别为 4 和 5 时会产生高密子群，即分别以用户 U_4、U_{15}、U_1、U_{n-1} 为中心，即子群（U_4、U_{15}、U_6、U_{13}）、（U_1、U_{10}、U_{12}、U_{13}、U_{17}、U_{n-1}），如表 5.13 所示；最后是 6-核子群（U_{12}、U_{13}、U_9、U_{10}、U_6、U_7、U_8、U_{16}、U_{17}），该子群一般与块模型分析出的子群相重合，是处于核心区的高凝聚子群，由于在块模型中已经分析过，所以在此不再赘述。

表 5.13　基于 K-核的高密度子群

序号	高密度子群	中心用户
1	U_4、U_{15}、U_6、U_{13}	U_4、U_{15}
2	U_1、U_{10}、U_{12}、U_{13}、U_{17}、U_{n-1}	U_1、U_{n-1}

对于第 1 个子群，可以将 U_4、U_{15} 的信息偏好推荐给其他用户；对于第 2 个子群，可以将 U_1、U_{n-1} 的信息偏好推荐给其他用户。

5.4.3　结构洞

伯特（Burt）用结构洞来表示非冗余的联系，认为"非冗余的联系人被结构洞所连接，一个结构洞是两个行动者之间的非冗余的联系"[138]，如图 5.23 所示。

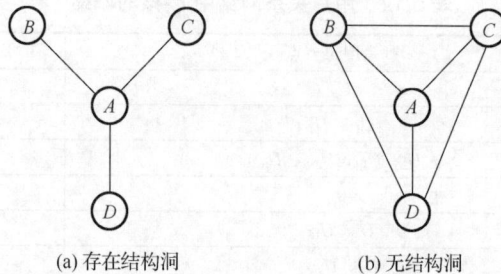

(a) 存在结构洞　　　　　　(b) 无结构洞

图 5.23　结构洞示意图

图 5.23 中，图 5.23(a)处于中心位置的是 A 点，即自我点，它拥有 3 个结构洞，即 BC、BD、CD；图 5.23(b)没有结构洞。图 5.23(a)主要是由于 B、C、D 之间没有直接的联系，需要通过中间的 A 点，所以 A 点处于结构洞的中心位置，他获取"信息利益"和"控制利益"的机会，比网络中其他位置上的用户具有竞争、控制优势。

基于结构洞对群际间的偏好信息进行推荐，具体过程如图 5.24 所示。图中 A 用户处于结构洞位置，A 左侧是以 C 为核心的一个凝聚子群，A 右侧是以 G 为核心的另一个凝聚子群，则可以将 A 左右侧的用户群偏好相互进行推荐，彼此间信息采纳的可能性也较高。

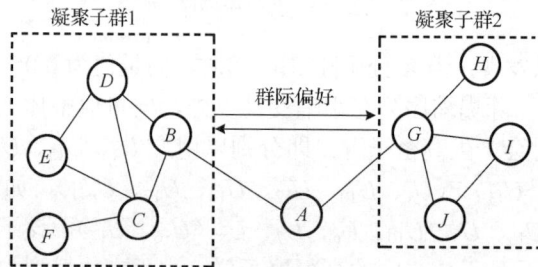

图 5.24　基于结构洞的群际信息推荐

结构洞的测量主要有两种[138]。

（1）利用弗里曼提出的中间中心度，它是用来测量行动者对资源的控制程度的，所以可以作为结构洞指标，如果一个行动者的中间中心度越大，则他拥有的结构洞就越多。图 5.25 是利用该方法对整体网进行结构洞测量的示意图。

		1 中间中心度	2 相对中间中心度
16	U_{16}	67.408	19.710
13	U_{13}	59.565	17.417
10	U_{10}	53.108	15.529
3	U_3	34.000	9.942
6	U_6	33.347	9.751
9	U_9	19.781	5.784
12	U_{12}	19.013	5.559
1	U_1	12.669	3.704
8	U_8	9.477	2.771
17	U_{17}	7.065	2.066
19	U_{n-1}	6.995	2.045
7	U_7	5.796	1.695
20	U_n	0.468	0.137
18	U_{n-2}	0.310	0.091
5	U_5	0.000	0.000
4	U_4	0.000	0.000
2	U_2	0.000	0.000
11	U_{11}	0.000	0.000
14	U_{14}	0.000	0.000
15	U_{15}	0.000	0.000

图 5.25　整体网结构洞测量示意图

从图 5.25 中可以看出，U_{16} 的中间中心度最高，其次是 U_{13} 和 U_{10}。结合表 5.8，U_{16} 和 U_{13} 属于块 K_2，而 U_{10} 属于 K_1，但 K_2 子群除了与 K_1 有关联以外，没有与其他子群产生关联，而 K_1 分别与 K_2、K_3、K_4 产生关联，所以基于 K_1 可以进行群际信息推荐，即在（K_2、K_3）、（K_2、K_4）、（K_3、K_4）之间进行群际信息推荐。

（2）按照伯特的分析，结构洞测量指标主要考虑四个方面：有效规模（effective size）、效率（efficiency）、限制度（constraint）、等级度（hierarchy），其中第三个指标最重要。

有效规模：一个行动者的有效规模等于该行动者的个体网规模减去网络的冗余度，即有效规模等于网络中的非冗余因素，行动者 i 的有效规模表示为

$$\sum_j (1 - \sum_q p_{iq} m_{jq}), \quad q \neq i, j \tag{5.8}$$

式中，j 代表与自我点 i 相连的所有点；q 是除了 i 或 j 之外的每个第三者；$p_{iq}m_{jq}$ 代表在自我点和其他点之间的冗余度；p_{iq} 代表行动者 i 投入的关系所占比例；m_{jq} 是 j 到 q 的关系的边际强度，它等于 j 到 q 的关系取值除以 j 到其他点关系中的最大值。

效率：一个点的效率等于该点的有效规模与实际规模之比。

限制度：一个人受到的限制度，指的是此人在自己的网络中拥有的运用结构洞的能力。行动者 i 受到 j 的限制度指标为

$$C_{ij} = \left(p_{ij} + \sum_q p_{iq} m_{qj}\right) \qquad (5.9)$$

式中，p_{iq} 是在行动者 i 的全部关系中，投入的关系占总关系的比例。

等级度：指限制度在多大程度上集中在一个行动者身上。公式为

$$h = \frac{\sum_j \left(\dfrac{C_{ij}}{C/N}\right) \ln\left(\dfrac{C_{ij}}{C/N}\right)}{N \ln N} \qquad (5.10)$$

式中，N 是点 i 的个体网规模；C/N 是各个点的限制度的均值，公式的分母代表最大可能的总和值。当一个行动者的每个联络人的限制度都一样时，该测度达到最小值 0；反之，当所有的限制都集中于一个行动者时，该值就达到最大值 1，即一个点的等级度越大，说明该点越受到限制。

图 5.26 是利用该方法对个体网的结构洞测量示意图。

	规模	有效规模	效率	限制度	等级度
U_1	7.000	3.714	0.531	0.460	0.073
U_2	2.000	1.000	0.500	1.125	0.000
U_3	2.000	2.000	1.000	0.500	0.000
U_4	3.000	1.000	0.333	0.926	0.000
U_5	0.000	0.000			
U_6	9.000	4.778	0.531	0.365	0.024
U_7	8.000	2.625	0.328	0.426	0.006
U_8	9.000	3.333	0.370	0.382	0.006
U_9	8.000	4.000	0.500	0.381	0.032
U_{10}	11.000	7.273	0.661	0.281	0.068
U_{11}	1.000	1.000	1.000	1.100	1.000
U_{12}	8.000	4.375	0.547	0.374	0.036
U_{13}	12.000	8.217	0.685	0.258	0.050
U_{14}	2.000	1.000	0.500	1.125	0.000
U_{15}	3.000	1.000	0.333	0.926	0.000
U_{16}	8.000	4.500	0.563	0.369	0.044
U_{17}	8.000	3.000	0.375	0.429	0.019
U_{n-2}	2.000	2.000	1.000	0.500	0.000
U_{n-1}	5.000	3.000	0.600	0.554	0.022
U_n	2.000	2.000	1.000	0.500	0.000

图 5.26　个体网结构洞测量示意图

从图 5.26 中可以发现，第 4 列的指标是限制度，最能反映个体的结构洞控制能力，U_{16}、U_{13} 和 U_{10} 用户的限制度值最小，说明这三个用户可以充分地运用结构洞能力；而 U_2、U_{11}、U_{14} 等的限制度值较大，不能够充分地运用结构洞能力。从第 2 列有效规模指标分析，发现 U_{13}、U_{10} 和 U_6 用户的值最大，可以有效地利用结构洞的能力向其所联系的其他用户推荐信息。

通常情况下，第（1）种方法中的公式是针对整体网的结构洞测量指标，第（2）种是对个体网的测量，两者可以起到相互参考、补充的作用。

5.5　本　章　小　结

本章首先对社会化标注系统中用户关系的基本内容进行分析，如用户关系的形成、特征、类型、分析流程等，同时对用户关系的维度从信任维、知识维、结构维进行详细分析；然后对用户关系的社会网络结构进行研究，具体从幂律分布、网络密度、核心-边缘结构、中心性等进行详细论述；最后对用户关系的凝聚子群进行研究，利用块模型的"结构对等性"对行动者进行聚类，将块密度值大的群体进行凝聚子群分析，利用 K-核分析对块模型进行补充，选择其他高凝聚子群，利用结构洞方法发现存在结构洞的用户，即基于群际的用户，并对其所拥有的标签对应的资源信息进行聚合。

第 6 章　社会化标注系统中个性化信息推荐模型构建

6.1　社会化标注系统中个性化信息推荐模型框架

6.1.1　个性化信息推荐模型构成要素

从系统学的角度出发，个性化信息推荐模型的系统结构是由许多要素组成的，要素是系统中对整体性质和结构起主要和关键作用的主要元素[141]。一个复杂系统至少要包括以下六种基本要素：核心要素、动力要素、基础要素、自复制要素、传输要素、转换要素。它们是系统中所有时间内都起作用的元素，对基本要素的分析实际上是对系统内部基本功能的研究，这对系统要素的分类和对系统内部基本"职能"的认识具有很强的方法论意义。在个性化信息推荐系统中，具体的要素如下。

1）核心要素

核心要素是对系统的整体结构与行为进行控制与调整的"首脑"或"领导核心"。一个复杂系统要受到来自系统内部和外部各种因素的干扰，这些干扰势必使系统离开原来的状态，甚至会威胁系统的生存，为了对付这些干扰和威胁，保持系统完整性和结构与行为的相对稳定性和定常性，就需要及时发出指令，采取各种合理的步骤，对系统的元素结构、行为和与环境的关系进行调整，以使系统恢复到原来的稳态或寻找更合适的稳态。在个性化信息推荐系统中，核心要素是用户，主要由于用户的行为和用户的偏好均是由用户发出的，具体体现为当产生标注行为时，用户使用某个标签对偏好的资源进行标注等；当推荐信息时，用户可以通过自己的采纳情境决定是否采纳该信息等，所以个性化信息推荐系统的核心要素就是用户。

2）动力要素

动力要素是为系统的运动提供动力和能源的"发动机"。系统要生存发展，需要不断提供能源，可以是一个将外部或内部存储的能源转化为内部动力的机制或机构等，在个性化信息推荐系统中，动力要素由两部分组成：知识共享机制和用户信任机制。通过知识共享机制，社会化标注系统中的用户可以充分地使用各种资源，而资源也达到了充分被使用的状态；通过用户信任机制，加快了知识的共享速度，同时更容易进行个性化信息的推荐，用户的采纳率也会更高。

3）基础要素

基础要素是支撑系统的"骨架"和基础，要保持系统整体的相对稳定，一个坚强的骨架和扎实的基础是不可少的，它是系统的主要工作部分。在个性化信息推荐系统中，基础要素是资源和标签，只有通过资源与标签之间的相互联系作用，才可以构建用户的关系网络，才可以发现用户的偏好等，所以资源和标签是系统中的主要工作部分，即基础要素。

4）自复制要素

自复制在系统个体消亡或更新换代中保留系统结构、属性、行为、演化规律等方面的基本信息，对于复杂的社会系统，指的是在保持环境条件不变，又存在相同或相似的内部机制时，产生出同类系统的机制。在个性化信息推荐系统中，自复制要素指超循环机制、耗散机制，通过用户的标注行为，用户不断地进行超循环，自身知识不断地更新，进而用户之间不断地进行聚合，形成用户关系网络；同时随着外界环境、条件的变化，用户的偏好也不断变化，这主要是通过耗散机制实现的，但最终也是将用户进行聚合。

5）传输要素

传输要素负责在系统内部传递信息与输送物质、能量等工作，它由系统中各种各样的线路和管道所组成。在个性化信息推荐系统中，传输要素是用户关系网络，通过用户关系网络，将相似偏好的用户进行聚合，将分散的用户连接成一个有机的整体，形成不同的群体。

6）转换要素

转换要素担负着系统内部物质、能量、信息的转换和处理工作。在个性化信息推荐系统中，转换要素有两个，即发现机制和推荐机制，从用户关系网络中寻找用户群，发现相应的群体偏好信息和群际信息；将它们分别推荐给群内的用户和群际的用户，完成信息的转化。

6.1.2　个性化信息推荐模型构建原则

苏越等[142]曾在《思路 逻辑 创造方法》中从复杂性科学的辩证思维角度提出具体概念的产生是自觉运用各种辩证思维方法的结构，是在实践中对具体概念的认识不断深化的具体表现，并指出形成概念必须遵循一定的原则。

1）坚持分析客观性的原则

坚持分析客观性的原则，是把辩证逻辑形成具体概念建立在辩证唯物主义认识论基础上的具体表现，要求具体概念的内涵与外延必须是对认识对象的"整体、过程、总和、趋势、源泉"的全面反映，只有坚持客观性的原则，才能真正获得反映客观现实的具体概念。

2）坚持全面分析的原则

坚持全面分析的原则，是将唯物辩证法的观点贯彻在具体概念形成的过程中，要求对反映在概念中的事务及其矛盾的各个方面或各种规定进行总体性的分析，即立体的分析；进行时空四维的分析，即多角度、多方位、多层次、多学科的分析；在坚持全面分析的原则下，确定分析的重心，区分主次。

3）坚持系统和多层次分析的原则

首先，要坚持系统分析的原则，客观事物的存在，并不是相互孤立、没有联系的，相反，一个事物总是与其他事物发生某种联系而组成一个有机的整体；其次，各种系统的形成和发展又是有顺序性和层次性的，从中可以发现事物的多样性和整体性、发展的连续性和间断性，有助于更清楚地理解具体概念的丰富内容及其辩证本性。

从以上原则出发，为了客观、全面、系统和多层次地分析个性化信息推荐模型，将从静态和动态两个角度构建推荐模型：静态模型主要描述社会化标注系统中个性化信息推荐的机制，展示推荐模型的结构特征，分析构成推荐模型的要素之间的联系；动态模型主要描述个性化信息推荐的过程和行为，分析构成推荐模型的要素之间的动态变化。

6.1.3 个性化信息推荐静态模型

由核心要素、动力要素、基础要素、自复制要素、传输要素、转化要素构成的个性化信息推荐静态模型如图 6.1 所示。

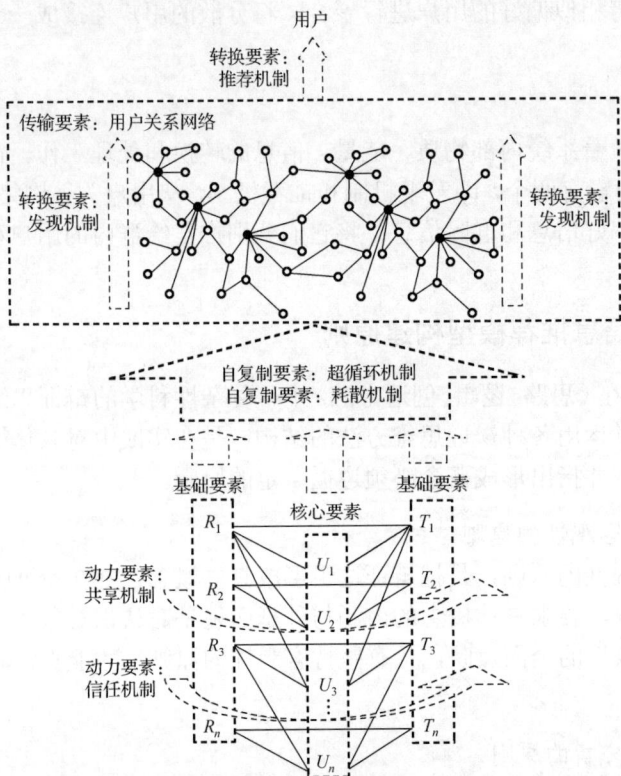

图 6.1 个性化信息推荐静态模型

在图 6.1 中，下面一层的中间是核心要素和基础要素，这两者之间是相互联系的，构成社会化标注系统的主体部分；在动力要素的作用下，伴随着知识共享机制和用户的信任机制使得用户提高了标注资源的效率；随着社会化标注系统规模不断扩大，用户不断增多，通过自复制要素——超循环机制和耗散机制，形成偏好相似的用户关系网络；而用户关系网络就是推荐系统的传输要素，只有通过挖掘用户关系网络才能发现有价值的信息，这其中用到了转换要素——发现机制，最后是另一个转换要素——推荐机制，将发现的群内和群际的个性化信息推荐给用户，实现信息的转换。

6.1.4　个性化信息推荐动态模型

从个性化信息推荐的过程视角可以构建动态模型，首先构建的是一层模型，如图 6.2 所示。

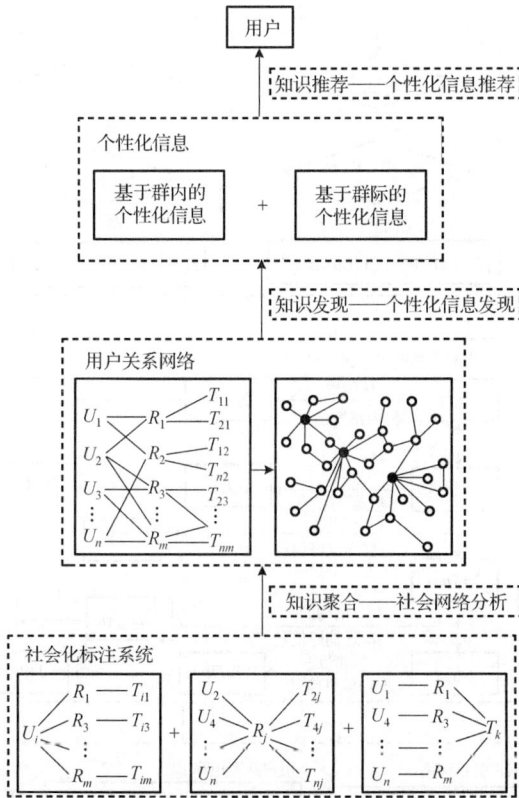

图 6.2　个性化信息推荐一层动态模型

在图 6.2 中，由底向上，第一部分是社会化标注系统的构成，图中显示的是分别以用户、资源、标签为核心构成的标注系统，表示每个用户可以对不同的资源进行标注，每个资源可以由不同的用户进行标注，每个标注也可以是不同的用户对不同的资源产生的现象。

第二部分是使用社会化网络分析理论进行知识聚合形成的用户关系网络，图中左侧显示标注系统中存储的数据很多，但杂乱无章，使用社会化网络分析后，将用户进行聚合，形成不同的用户群体，挖掘有价值的信息，即知识发现。

第三部分是通过知识发现产生的个性化信息，具体分为两种：基于群内的个性化信息和基于群际的个性化信息，最后进行知识推荐，将发现的个性化信息分别进行群内和群际的信息推荐。

对个性化信息推荐动态模型的一层进行详细分解，形成图 6.3 所示的二层模型。

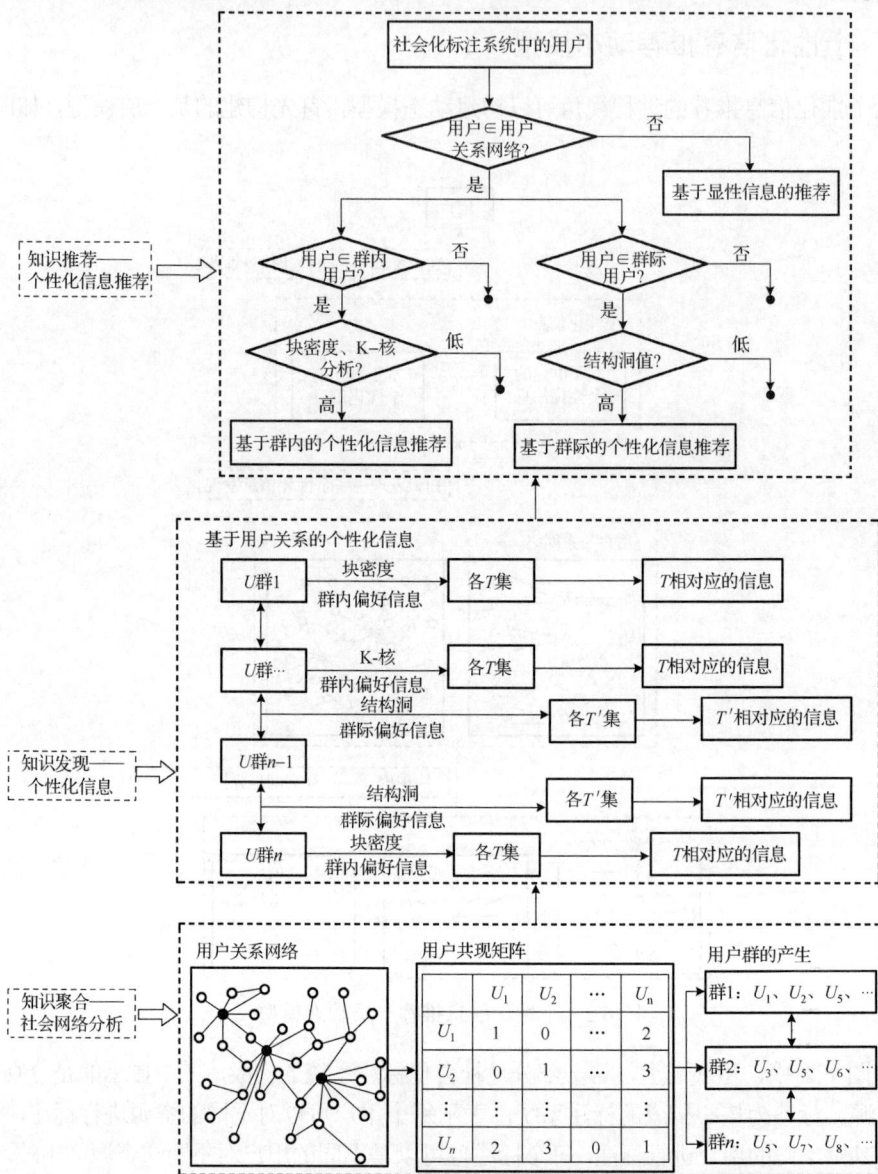

图 6.3　个性化信息推荐二层动态模型

在图 6.3 中，首先，将用户关系网络进行用户共现矩阵的提取，形成二维矩阵，矩阵中每个值表示行和列相关用户之间的共现频次，数值越高，表示该两个用户标签共现的频次越高，也说明该两个用户的偏好越有共同点，对用户共现矩阵进行社会网络分析，具体通过块模型、K-核分析、结构洞三种方法形成不同类型的用户凝聚子群。

然后，对形成的用户群进行个性化信息的发现，具体通过块模型、K-核分析、结构洞等形成的用户凝聚群进行详细分析，对各判断衡量值较大的用户群进行相应的标签集合，然后寻找相应的资源集合，发现用户群体偏好的资源信息和用户群际偏好的资源信息。

最后，对形成的用户群体偏好的资源信息和用户群际偏好的资源信息进行知识推荐，在推荐的过程中，先要判断用户是否属于关系网络中的用户，如果属于则分别从两个角度判断，第一是判断该用户是否属于群内信息推荐，如果属于，则判断用户所属的群体块密度值或者 K-核分析的凝聚值的高低，如果高则推荐，低则不推荐；如果不属于，则不推荐；第二是判断该用户是否属于群际信息推荐，如果属于，则判断该群际的结构洞值的高低，如果高则推荐，低则不推荐；如果不属于，则不推荐。如果该用户不属于关系网络中的用户，则只能从该用户的一些显性信息进行推荐，不能从用户关系网络的角度推荐。

6.2　社会化标注系统个性化信息推荐模型系统动力学分析

6.2.1　个性化信息推荐因果关系分析

5.2 节已经从用户关系网络结构、关系网络的知识共享、用户间的信任和群际间的信任三个侧面详细分析了个性化信息推荐的影响因素，现从系统动力学的角度，将影响因素绘制成的因果关系如图 6.4 所示。

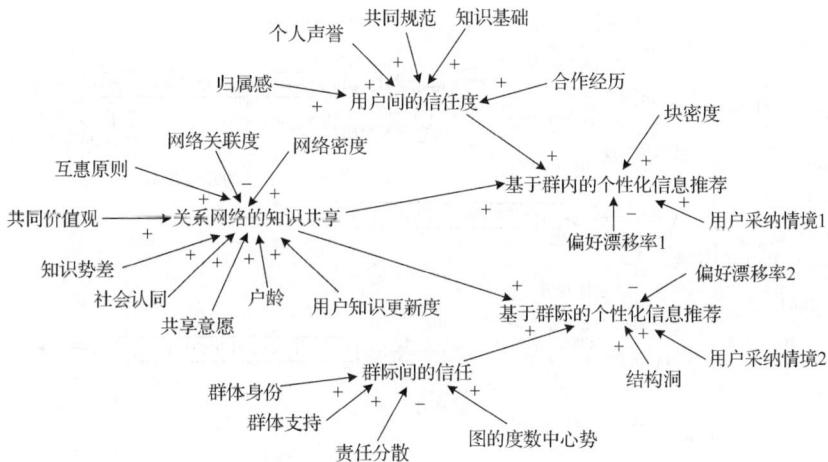

图 6.4　个性化信息推荐因果关系图

图 6.4 中用户关系网络的知识共享受到网络密度、网络关联度、互惠原则、共同价值观、知识势差、社会认同、共享意愿、户龄、用户知识更新度的影响。同时，由于网络关联度越大，信息越分散，用户越不容易受到其他用户的影响，所以网络关联度负向影响，其他影响因素正向影响知识共享度。

用户间的信任受到知识基础、共同规范、个人声誉、归属感、合作经历的影响。其中，个人声誉值越高，说明用户间的信任度就越高。

群际间的信任受到群体身份、群体支持、责任分散、图的度数中心势的影响。其中群体身份、群体支持、图的度数中心势正向影响群际间的信任，责任分散负向影响群际间的信任。

基于群内的个性化信息推荐受到用户关系网络的知识共享、用户间的信任度、块密度、偏好漂移率 1、用户采纳情境 1 的影响，其中，用户关系网络的知识共享、用户间的信任度、块密度、用户采纳情境 1 正向影响基于群内的个性化信息推荐，偏好漂移率 1 负向影响基于群内的个性化信息推荐。

基于群际的个性化信息推荐受到用户关系网络的知识共享、群际间的信任、结构洞、偏好漂移率 2、用户采纳情境 2 的影响，其中，用户关系网络的知识共享、群际间的信任度、块密度、用户采纳情境 2 正向影响基于群际的个性化信息推荐，偏好漂移率 2 负向影响基于群际的个性化信息推荐。

6.2.2　个性化信息推荐的存量流量图

存量流量图在因果关系图的基础上进一步区分变量的性质，更加清晰地反映系统要素之间的逻辑关系，明确系统的反馈形式和控制规律。个性化信息推荐模型的基本假设：用户的偏好会不断上升，但是不会永无止境地上升，由于偏好的漂移现象，用户的偏好会随着时间发生变化，如图 6.5 所示。

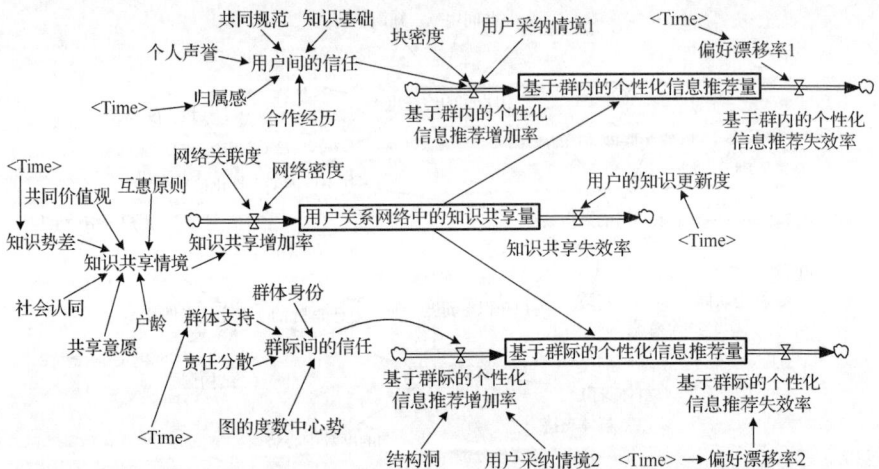

图 6.5　个性化信息推荐存量流量图

图 6.5 中涉及的状态变量、流率变量、辅助变量和常量分别如下。

状态变量有 3 个，即用户关系网络中的知识共享量、基于群内的个性化信息推荐量、基于群际的个性化信息推荐量。

流率变量有 6 个，即知识共享增加率、知识共享失效率、基于群内的个性化信息推荐增加率、基于群内的个性化信息推荐失效率、基于群际的个性化信息推荐增加率、基于群际的个性化信息推荐失效率。

辅助变量有 9 个，即知识共享情境、用户间的信任、群际间的信任、偏好漂移率 1、偏好漂移率 2、知识势差、归属感、群体支持、用户知识更新度。

常量有 18 个，即网络密度、网络关联度、共同价值观、共享意愿、户龄、互惠原则、社会认同、知识基础、共同规范、合作经历、个人声誉、群体身份、责任分散、图的度数中心势、块密度、结构洞、用户采纳情境 1、用户采纳情境 2。

为了计算方便，将个性化信息推荐的存量流量图中各变量进行字符替换，具体说明如表 6.1 所示。

表 6.1　存量流量图中的变量说明

变量类型	变量名称	含义	变量类型	变量名称	含义
状态变量	Y_1	用户关系网络中的知识共享量	常量	C_1	网络密度
	Y_2	基于群内的个性化信息推荐量		C_2	网络关联度
	Y_3	基于群际的个性化信息推荐量		C_3	共同价值观
流率变量	R_1	知识共享增加率		C_4	共享意愿
	R_2	知识共享失效率		C_5	户龄
	R_3	基于群内的个性化信息推荐增加率		C_6	互惠原则
	R_4	基于群内的个性化信息推荐失效率		C_7	社会认同
	R_5	基于群际的个性化信息推荐增加率		C_8	知识基础
	R_6	基于群际的个性化信息推荐失效率		C_9	共同规范
辅助变量	A_1	知识共享情境		C_{10}	合作经历
	A_2	用户间的信任		C_{11}	个人声誉
	A_3	群际间的信任		C_{12}	群体身份
	A_4	偏好漂移率 1		C_{13}	责任分散
	A_5	偏好漂移率 2		C_{14}	图的度数中心势
	A_6	知识势差		C_{15}	块密度
	A_7	归属感		C_{16}	结构洞
	A_8	群体支持		C_{17}	用户采纳情境 1
	A_9	用户知识更新度		C_{18}	用户采纳情境 2

根据表 6.1 分析的各状态变量、流率变量、辅助变量和 18 个常量，构建出相对应的方程式，如表 6.2 所示。

表 6.2　存量流量图中的变量方程说明

变量名称	变量方程式
辅助变量	$A_1 = C_3 + C_4 + C_5 + C_6 + C_7 + C_8$
	$A_2 = C_9 + C_{10} + C_{11} + C_{12} + C_{13}$
	$A_3 = C_{14} + C_{15} + C_{16} + C_{17} + C_{18}$
流率变量	$R_1 = A_1 C_1 / C_2$
	$R_2 = C_{21} + C_{22}$
	$R_3 = A_2 C_{19}$
	$R_4 = A_4 + C_{23}$
	$R_5 = A_3 C_{20}$
	$R_6 = A_5 + C_{24}$
状态变量	$Y_1 = \text{INTEG}(R_1 - R_2, \text{Initial} - Y_1(0))$
	$Y_2 = \text{INTEG}(R_3 - R_4, \text{Initial} - Y_2(0))$
	$Y_3 = \text{INTEG}(R_5 - R_6, \text{Initial} - Y_3(0))$

其中，A_4、A_5、A_6、A_7、A_8、A_9 是 6 个表函数，是根据豆瓣网中具体的数据观测得来的。

6.3　模型评价

社会化标注系统中个性化信息推荐模型的研究对象是社会化标注系统中的用户、标签、资源，构建模型的过程遵循复杂性科学的研究过程，具体使用宏观分析与微观分析相结合、科学推理与哲学思辨相结合的研究方法。首先从分析用户的标注行为开始，将用户对自己偏好的资源进行标签分析，构建用户的标签共现矩阵，提取用户关系网络，从关系网络中分析凝聚子群，进行个性化信息推荐模型的研究。

图 6.1 构建的个性化信息推荐的静态模型充分考虑了构成信息推荐模型概念的多种机制因素，既包括了社会化标注系统演化过程中的超循环机制、耗散机制，又包括了个性化信息发现和推荐过程中的共享机制、信任机制、发现机制、推荐机制等。图 6.2 和图 6.3 构建的个性化信息推荐的动态模型充分考虑了信息推荐的动态过程，从知识聚合到知识发现再到知识推荐共三个核心环节。图 6.4 和图 6.5 构建的个性化信息推荐的系统动力学模型充分考虑了信息推荐中的各种影响因素，从系统动力学的角度分析哪些是核心影响因素等。总体上，该模型的构建具有一定的科学性和合理性。

但是本书构建的个性化信息推荐模型是从社会化标注系统中用户由于标注关系形成的用户关系网络开始研究的，在分析的过程中尚缺乏考虑几方面：①没有考虑代表用户标注行为的标签的语义关系，由于 Web 2.0 环境下，标签含有大量的语义关系，即同样的标签却有不同语义，这是本书构建的模型没有考虑到的；②没有用户关系中核心用户的定量定位、个性化信息的定量衡量等，所以本书构建的个性化信息推荐模型有一定的适应范围。

6.4　本 章 小 结

　　本章首先从系统学的角度分析构成个性化信息推荐系统的要素，共分为六大要素，分别是核心要素、动力要素、基础要素、自复制要素、传输要素、转换要素，它们是系统中所有时间内都起作用的元素，同时在遵循构建概念的原则下，基于六大系统要素构建个性化信息推荐的静态模型，从推荐过程的角度构建个性化信息推荐的动态模型，具体分为个性化信息推荐的一层动态模型和二层动态模型；最后利用系统动力学对个性化信息推荐模型进行系统仿真分析。

第7章 个性化信息推荐模型实证分析

7.1 豆瓣网概况

7.1.1 豆瓣的网站架构

豆瓣网成立于 2005 年 3 月 6 日，至 2014 年已经拥有超过 3000 万的注册成员，它的网站架构由三个系统组成：品味系统——读书、电影、音乐；表达系统——我读、我看、我听；交流系统——同城、小组、友邻。分别实现了系统中知识聚类、知识构建、知识认同的功能，两两之间不断递进演化，整体形成了一个开放式的信息循环，不断推动整个豆瓣网向前发展，如图 7.1 所示。

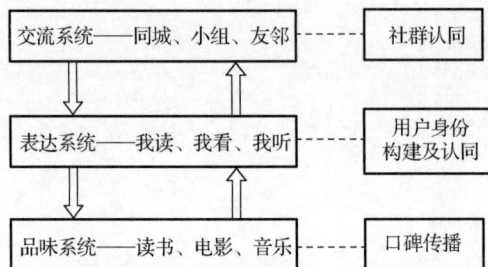

图 7.1 豆瓣的网站架构

7.1.2 豆瓣网的自组织演化

豆瓣网中用户（集）、资源（集）、标签（集）各自的形成和演化主要通过品味系统的口碑传播实现。首先，用户通过信息发布、评论和分享，发现与自己拥有类似偏好（品味）的其他用户，形成偏好（品味）类似的用户集；同时用户之间交换以知识与体验形成的信息，形成资源集；这种信息交换同时对双方未来的决策与态度产生影响，产生了来自大众的各种正面、负面或中立的评价，即标签集。其次，在口碑传播中，用户以平等的方式存在，将直接的使用经验或事件体验分享给他人，传播目的性较弱，大众关注的是高质量的信息，因此口碑传播更易被其他用户所接受，强化了信息的传播，最终使用户集、资源集、标签集不断地进行自组织演化。

　　豆瓣网中用户-资源、用户-标签、资源-标签之间关系的形成和演化主要通过表达系统的用户身份构建及认同实现。首先，表达系统的门槛较低，通过对（想看/在看/看过）三种标签进行简单选择，或者星级打分，用户就可以完成对感兴趣的图书、电影、音乐等进行标注的过程。其次，在标注过程中，用户将多个图书、电影、音乐页面结合成一个"豆列"，形成自我身份认同，用户还在不断观察自己与其他用户之间的差异性和同一性，不断强化、修整自己的认同边界，不断得到更多人的认可、参与，使用户-资源之间的偏好更加明显；用户群中用户数量的增加，带来了内容的多样性和标签的丰富性，使用户-标签之间的行为更加明显，资源-标签之间的大众分类更加准确。

　　豆瓣网的社会化标注系统整体演化主要通过交流系统的社群认同实现。首先，在规模上，到 2014 年，豆瓣网已形成了超过 29 万个兴趣小组、8 万个小站，每个小组、小站都有自己的文化，形成了社群认同。其次，在虚拟的社群中，用户用集体的力量构建了自己所属的社群文化与社群归属感，他们在精神层面不断加深彼此的认同感和归属感，使社群不断成长和壮大，不断向前发展，最终推动整个社会化标注系统不断实现自组织演化。

　　豆瓣网的整体演化过程遵循着系统自组织演化的本质规律。本书认为用户自生成内容网站为了能够充分发挥、挖掘、利用大众集体的智慧，应充分认识并遵循社会化标注系统所揭示的客观演化规律，具体为：一是要遵循用户聚类、标签聚类、资源聚类时的自组织演化规律，侧重分析用户行为、用户偏好和大众分类的特征；二是要保持系统开放性，使更多的知识加入系统中来，让各类节点自由地推动系统进行自主演化；三是 Web 2.0 环境要创造一种彼此沟通、彼此协作、共享资源的正能量平台，发挥大众的优势，提升社会化标注系统自组织的效率，促进整体系统的飞跃发展。

7.2　豆瓣网的样本数据

　　在 2014 年 1 月 25 日～1 月 30 日，笔者主要通过 Web 页面浏览的方式进入豆瓣主页面，在"读书"链接处进入豆瓣读书栏目，随机选取了一个用户，然后从他关注的其他用户中随机选取用户，同时采用滚雪球的方式选取用户，共取得了 35 个用户的资料，具体展开搜集过程如图 7.2 所示，收集到的用户样本数据，如表 7.1 所示，其中为了方便统计，每个用户分别赋予编号，同时每个用户的标签是去掉重复标注次数后得到的数量，35 个用户的最终标签数量是 1208 个。

```
┌──────────┐
│ 豆瓣网主页 │
└────┬─────┘
     │
┌────▼─────┐
│ 豆瓣读书  │
└────┬─────┘
     │
┌────▼─────┐
│ 用户主页  │
└────┬─────┘
     │
┌────▼─────┐
│   关注    │
└────┬─────┘
     │
┌────▼──────────────────────────┐
│ 标签收集                        │
│ ┌──────┐  ┌──────┐  ┌──────┐  │
│ │ 在读 │  │ 想读 │  │ 已读 │  │
│ └──────┘  └──────┘  └──────┘  │
└───────────────────────────────┘
```

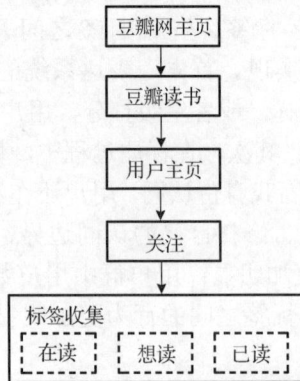

图 7.2　数据收集流程图

表 7.1　用户数据集合

编号	用户	用户主页	标签总数（883）
1	红皇后	http://www.douban.com/people/yican	59
2	豆包与一朵花	http://book.douban.com/people/82800411	3
3	桃花贼	http://www.douban.com/people/ghostmelody	20
4	北极画师 Leaf	http://www.douban.com/people/65170779	8
5	如烟岛	http://www.douban.com/people/56042599	1
6	奈二米	http://www.douban.com/people/xiaoqian4	6
7	咖呢啡	http://www.douban.com/people/maylove531	4
8	福贵是牛	http://www.douban.com/people/richcattle	50
9	顾乙	http://www.douban.com/people/guyi87	78
10	Titan	http://www.shaguaizao.com/people/shaguaizao	75
11	夏小妞	http://www.douban.com/people/2810678	8
12	numeracy	http://www.douban.com/people/thevastworld	14
13	树小喵	http://www.douban.com/people/tarot	21
14	阿科	http://www.douban.com/people/cyclediary	45
15	水母咪	http://www.douban.com/people/28039626	5
16	飞花落雪	http://www.douban.com/people/60363979	38
17	花椒	http://www.douban.com/people/tianbian0531	68
18	朱岳	http://www.douban.com/people/1867648	7
19	韩松落	http://www.douban.com/people/hansongluo	74
20	祝小兔	http://www.douban.com/people/2245804	20
21	半	http://www.douban.com/people/bnaky	14
22	一生寺	http://www.douban.com/people/73460959	44
23	lora	http://www.douban.com/people/alinmen	2
24	婴儿葛葛@2013	http://www.douban.com/people/romanbaby	2
25	淡豹	http://www.douban.com/people/liudandan	2

续表

编号	用户	用户主页	标签总数（883）
26	小荷	http://www.douban.com/people/happyclam	126
27	王老英雄	http://www.douban.com/people/3287609	2
28	影志	http://www.douban.com/people/tjz230	38
29	崔斯坦	http://www.douban.com/people/mypuppypretty	0
30	赤颜犬和乖蜂	http://www.douban.com/people/2299402	12
31	荞麦	http://www.douban.com/people/qiaomai	9
32	名字里都有一个狐	http://www.douban.com/people/54007119	0
33	何力	http://www.douban.com/people/helil	5
34	特立独行的猫	http://www.douban.com/people/zhaoxingstar	15
35	索马里	http://www.douban.com/people/paj	8

对 35 个用户的所有标签进行频次降序排序，截取其中排名前 100 位的标签，数据如表 7.2 所示，其中文学的频次最高，说明 35 个用户中喜好文学的较多。

表 7.2　标签频次排序

序号	标签	频次	序号	标签	频次	序号	标签	频次
1	文学	21	14	女性	6	27	香港	4
2	散文	12	15	社会	6	28	文化	4
3	历史	11	16	生活	5	29	张爱玲	3
4	日本	10	17	随笔	5	30	爱情	3
5	传记	8	18	设计	5	31	科普	3
6	短篇集	8	19	美国	5	32	故事	3
7	漫画	8	20	管理	5	33	音乐	3
8	外国	8	21	英国	5	34	梦想	2
9	小说	6	22	摄影	5	35	安妮宝贝	2
10	绘本	6	23	旅行	5	36	张大春	2
11	台湾	6	24	童话	4	37	思想史	2
12	电影	6	25	上海	4	38	动物	2
13	艺术	6	26	经济	4	39	时尚	2

在豆瓣读书中将随机选取 35 位用户，将他们的编号作为共现矩阵的行和列，将标签集合中使用频次排前面的，并且也属于这 35 位用户的标签集合的共 37 个标签作为样本，分析他们使用这 37 个标签的具体情况，按两位用户同时使用过的标签次数计算，如果有 3 次，则两位用户的标签共现值就为 3，矩阵中斜对角线均设为某一值，如 0，表示用户与自身之间的关系。最后形成的标签共现矩阵部分数据如表 7.3 所示。

表 7.3 标签共现矩阵数据

	1	2	3	4	5	6	7	8	9	10	11	12	13	14	15	16	17	18	19	20	21	22	23	24	25	26	27	28	29	30	31	32	33	34	35
1	12	1	0	0	0	0	0	1	1	1	0	0	1	0	0	0	1	0	1	0	0	1	1	0	0	2	1	2	0	0	0	0	0	0	0
2	5	0	0	0	0	0	0	0	0	1	0	0	0	0	0	0	0	0	0	0	0	0	0	0	0	2	0	2	0	0	0	0	0	0	0
3	3	0	0	0	0	0	0	0	0	0	1	1	0	0	0	0	0	0	0	0	0	0	0	0	0	1	0	1	0	0	0	0	0	0	0
4	5	0	0	0	0	1	0	0	0	0	0	0	1	0	1	1	0	0	0	0	0	0	0	0	0	1	0	0	0	1	0	0	0	0	0
5	2	0	0	0	0	0	0	0	0	0	0	0	0	0	0	0	3	0	0	0	0	1	0	0	0	0	0	1	0	0	0	0	0	0	0
6	16	0	0	1	0	0	1	2	3	2	2	1	2	0	1	1	1	0	2	0	0	0	0	0	0	5	0	2	0	2	0	0	0	1	0
7	10	0	0	0	0	1	0	2	0	1	0	0	1	0	0	0	0	0	0	0	0	0	0	0	0	1	0	2	0	0	0	0	0	0	0
8	11	0	0	0	0	2	2	0	0	1	0	0	0	0	0	5	9	0	0	0	0	0	0	0	0	1	0	1	0	0	0	0	0	0	0
9	10	1	0	0	0	3	1	1	5	5	0	5	5	0	0	3	1	1	16	0	0	7	0	1	0	8	0	11	0	0	0	0	1	3	1
10	20	0	0	0	0	2	0	0	0	0	0	3	2	0	0	3	0	0	4	0	3	3	0	0	0	8	0	5	0	0	0	0	1	1	1
11	1	1	0	0	0	0	0	0	0	0	0	0	0	0	0	0	1	0	0	0	0	0	0	0	1	0	0	0	0	3	0	0	0	0	0
12	14	0	0	0	0	1	1	1	5	3	0	0	2	0	0	2	2	0	3	0	0	3	0	0	0	6	0	4	0	0	0	0	0	0	0
13	19	0	1	1	0	2	0	0	0	2	0	0	0	0	1	3	0	0	0	0	0	5	0	0	0	7	0	5	0	1	0	0	0	2	0
14	6	0	0	0	0	0	0	0	0	1	0	0	0	0	0	0	0	0	0	0	0	0	0	0	0	1	0	0	0	0	0	0	0	0	0
15	5	0	0	1	0	1	0	0	0	0	0	0	1	0	0	0	2	0	3	0	0	0	0	0	1	1	0	0	0	0	0	0	0	0	0
16	14	0	0	0	0	1	1	1	5	0	0	3	3	0	0	2	0	0	7	0	0	5	0	1	0	4	0	3	0	0	0	0	0	1	0
17	16	0	0	0	0	3	0	1	9	0	0	0	0	0	0	3	7	0	0	0	0	5	0	0	1	8	0	9	0	0	0	0	0	2	0
18	2	0	0	0	0	0	0	0	1	1	0	0	2	0	0	0	0	0	0	0	0	0	0	0	0	0	0	0	0	0	0	0	0	0	0
19	12	0	0	0	0	2	0	0	16	4	0	3	2	0	0	0	0	0	0	0	0	4	0	0	0	6	0	6	0	0	0	0	0	1	0
20	4	0	0	0	0	0	0	0	0	1	0	1	0	0	0	0	0	0	0	0	0	0	0	0	0	1	0	1	0	0	0	0	0	0	0
21	1	0	0	0	0	0	0	0	0	0	0	0	0	0	0	0	0	0	0	0	0	0	0	0	0	1	0	0	0	0	0	0	0	0	0

续表

	1	2	3	4	5	6	7	8	9	10	11	12	13	14	15	16	17	18	19	20	21	22	23	24	25	26	27	28	29	30	31	32	33	34	35
22	17	0	0	0	0	1	0	0	7	3	0	3	5	1	0	5	5	4	0	0	0	0	0	0	2	8	0	3	0	2	0	0	1	2	1
23	1	0	0	0	0	0	0	0	0	0	0	0	0	0	0	0	0	0	0	0	0	0	0	0	0	0	0	0	0	0	0	0	0	0	0
24	4	0	0	0	0	0	0	0	1	0	0	0	0	0	0	0	1	0	0	0	0	0	0	0	0	1	0	1	0	0	0	0	0	0	0
25	7	0	0	0	1	0	0	1	0	0	0	1	2	1	0	1	1	0	0	0	0	2	0	0	0	8	0	1	0	0	0	0	0	0	0
26	28	2	1	1	0	5	1	0	8	8	0	6	7	0	1	4	8	0	6	1	1	8	0	1	8	0	1	11	0	2	0	0	1	2	1
27	4	1	0	0	0	0	0	0	0	1	0	0	0	0	0	0	0	0	0	0	0	0	0	0	0	1	0	0	0	0	0	0	0	0	0
28	20	2	1	0	0	2	2	1	11	5	0	4	5	0	0	3	9	0	6	1	0	3	0	1	1	11	0	0	0	0	0	0	0	2	0
29	0	0	0	0	0	0	0	0	0	0	0	0	0	0	0	0	0	0	0	0	0	0	0	0	0	0	0	0	0	0	0	0	0	0	0
30	13	0	0	0	0	2	0	0	0	1	0	0	3	1	1	1	1	0	0	0	0	2	0	0	0	2	0	0	0	0	1	0	0	1	0
31	3	0	0	0	0	0	0	0	0	0	0	0	0	0	0	0	0	0	0	0	0	0	0	0	0	0	0	0	0	1	0	0	0	0	1
32	0	0	0	0	0	0	0	0	0	0	0	0	0	0	0	0	0	0	0	0	0	0	0	0	0	0	0	0	0	0	0	0	0	0	0
33	5	0	0	0	0	0	0	0	0	1	0	0	0	0	0	0	0	0	0	0	0	1	0	0	0	1	0	0	0	0	0	0	0	0	1
34	11	0	0	0	0	1	0	0	3	1	0	0	2	0	0	1	2	2	1	0	0	2	1	0	0	2	0	2	0	1	0	0	0	0	0
35	6	0	0	0	0	0	0	0	1	1	0	0	0	0	0	0	0	0	0	0	0	1	0	0	0	1	0	0	0	0	1	0	1	0	0

7.3　豆瓣网的用户关系网络

7.3.1　幂律分布

为了科学地探测标签数据的分布规律，现用 SPSS 软件对表 7.2 中的排名前 100 个标签数据进行回归分析，表中的序号是自变量 x，标签使用的频次是因变量 y，得到的散点图如图 7.3 所示，图中排在前几位的标签具有较大的使用次数，但是标签的数量比较少，而排在后面的标签使用次数非常少，但这样的标签数量很大，体现出明显的幂律分布。

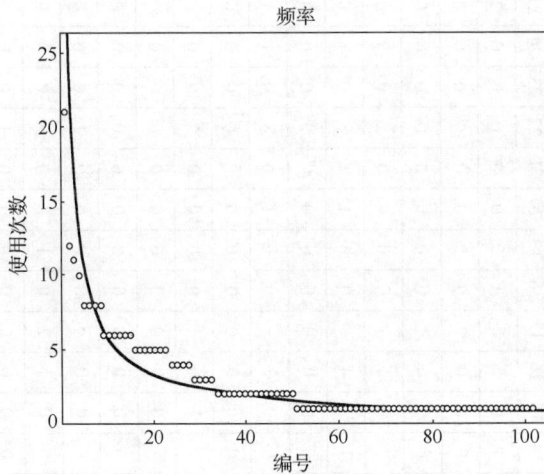

图 7.3　标签的幂律分布

然后用曲线将三点连接起来，图像呈现出幂函数的特征，假设 x 和 y 之间的函数关系为 $y=ax^{-b}$。经过估计，得到的 a 值为 40.750，b 的值为 0.831，表达式为 $y=40.750x^{0.831}$，其中 R 的平方值为 0.905，说明这一函数具有较高的可信度，如表 7.4 所示。

表 7.4　模型汇总和参数估计值

因变量：频率

方程	模型汇总					参数估计值	
	R^2	F	df1	df2	Sig.	常数	b
幂	0.905	937.705	1	98	0.000	40.750	−0.831

自变量：编号

7.3.2　网络密度

在 Ucinet 中对样本数据的网络密度进行分析，结果如图 7.4 所示。

```
Input dataset:                    标签共现矩阵 (C:\Users\whj\Desktop
\ucinet 练习\"C:\Users\whj\Desktop\ucinet 练习\数据资料\ucinet 数据\
标签共现矩阵)

Relation: Sheet1

Density (matrix average) = 0.6420
Standard deviation = 1.6474
```

图 7.4　样本数据的网络密度

　　图 7.4 中显示采集数据中用户关系网络的密度为 0.6420，网络中关系的标准差为 1.6474。该整体网络的密度比较大，其越大，该网络对其中用户的态度、行为等产生的影响可能就越大。

7.3.3　核心-边缘结构

　　在 Ucinet 中对样本数据的核心-边缘结构进行分析，分析的结果如图 7.5 所示。

```
Starting fitness: 0.113
Final fitness: 0.113

Core/Periphery Class Memberships:

  1:  1 2 3 4 5 6 7 8 9 10 12 13 14 15 16 17 18 19 20 22 24 25 26 28 30 33 34 35
  2:  11 21 23 27 29 31 32
```

图 7.5　样本数据的核心-边缘分析(a)

　　图中第一行的值是初始矩阵与理想矩阵的相关系数（starting fitness）；图中第二行的值是经过重排后的矩阵与理想矩阵的相关系数（final fitness），第一行与第二行的值相等，说明初始矩阵经过良好的排列，达到了理想矩阵的高度，该值越大，说明实际数据的核心-边缘结构模型越显著，本书的分析结果为 0.113，说明实际数据的核心-边缘结构模型不太显著；图中第三行显示下面有两个区域，1 代表核心区，共 28 个用户，2 代表边缘区，共 7 个用户，说明处于核心区的用户比边缘区的用户多。

　　将此结果通过 Ucinet 中的可视化模块 NetDraw 绘制出核心-边缘结构图，如图 7.6 所示。图中核心区域的用户联系比较紧密，边缘区的用户大多与核心区的用户相连，而他们相互之间联系比较松散，尤其是 29 号用户和 32 号用户没有与任何用户相连，3 号用户和 11 号用户只在他们两者之间存在标签共现情况。处于核心区的用户之间有很多线是黑色加粗的，说明这两个用户之间的标签共现的频次较多，如 9 号和 19 号、9 号和 28 号。

　　从样本的数据看，基于标签共现的用户关系网络遵循核心-边缘结构理论，但由于核心区的用户节点很多，相互间联系复杂，所以对该区的用户进行二次分析，于是得到图 7.7 和图 7.8 所示的核心节点最终分析和结构。

　　从图中可以发现，核心区的 9、19、26、28、17 之间的连线较粗，标签共现的频率较高，而处于边缘区的节点之间联系得非常少，大多都与核心区的节点相连。

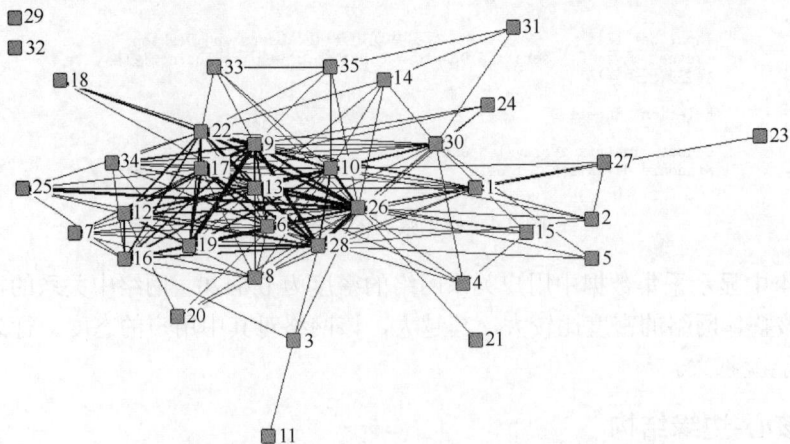

图 7.6　样本数据的核心-边缘结构(a)

```
Starting fitness: 0.000
Final fitness: 0.638

Core/Periphery Class Memberships:

1:   1 6 8 9 10 12 13 16 17 19 22 26 28
2:   2 3 4 5 7 14 15 18 20 24 25 30 33 34 35
```

图 7.7　样本数据的核心-边缘分析(b)

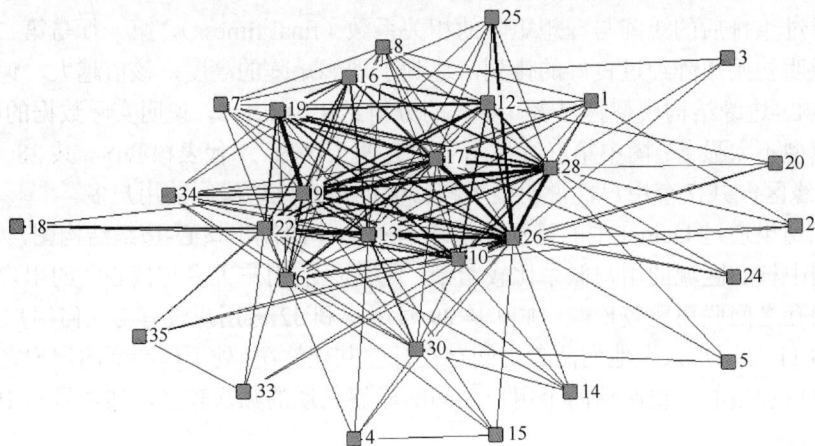

图 7.8　样本数据的核心-边缘结构(b)

7.3.4　中心性

由于核心-边缘理论只说明了点的位置，但是没有定量地给出每个点的中心度，所以还需要分析用户关系网的中心性；同时从社会网络的角度看，一个抽象的人是没有权力的，一个人之所以拥有权力，是因为他与他者存在关系，可以影响他人，即一个人的权力，网络中一个行动者的权力主要通过网络的中心性来量化，即中心度和中心势指数。

1）中心度

中心度主要是从个体的角度测量的，主要包括三种指标：点的度数中心度、点的中间中心度、点的接近中心度。本书测量了样本数据中用户的三类较高的中心度，从高到低截取的部分数据如表 7.5 所示。

表 7.5　样本数据的点中心度

	度数中心度	中间中心度	接近中心度
26	82.353	26.187	32.075
28	58.824	7.026	29.565
10	58.824	5.904	29.565
13	58.824	5.447	29.565
9	55.882	4.574	29.310
22	52.941	4.212	29.060
17	50.000	1.700	28.814
6	47.059	1.541	28.333
16	41.176	1.729	27.869
12	41.176	0.776	27.642
1	35.294	6.334	27.419
19	35.294	0.201	27.419
8	32.353	0.190	27.200

在社会化标注系统中，如果一个用户的中心度很高，就说明他处于该网络的核心区，26 号用户的点度中心度、中间中心度、接近中心度均处于最高值，说明他是该网络中的核心用户。然后依次是 28、10、13 等用户。一般一个用户的点度中心度比较高，他的中间中心度和接近中心度也比较高，但也有例外情况，如 1 号用户，他的中间中心度为 6.334，比 12 号用户高很多，应该排在所有用户中的第三位，但是他的点度中心度为 35.294，比 12 号低。这主要是由于 1 号用户本身与其他用户共现标签的次数一般，但是他处于许多用户相互交往的路径上，如 2 号用户与其他大多数用户的交往，所以他能掌握标注系统中的很多资源的流动，对网络的信息推荐起到很大的作用。从结构洞的角度来看，1 号用户处于桥的位置，属于一种稀缺资源，他自身处在其他几个节点的交往路径上，在一定程度上控制着其他节点的交往，即挖掘 1 号用户的相关资源，可以推荐给他所联系的其他用户。

2）中心势

中心势主要是从图的角度测量的，主要测量图的总体整合度或者一致性，它可以围绕某些中心点达到一定的中心势，样本数据整体网的中间中心势是 24.76%，整体图的中心势不是很高，说明总体整合度或一致性不是很高，这主要是由于边缘区域的点比较多，分散了整体网的一致性。

7.4 豆瓣网的用户凝聚子群

7.4.1 块模型

在 Ucinet 中对样本数据进行归一化处理，结果如表 7.6 所示，在此基础之上，进行块分析，得到分块图、块密度矩阵等结构。

图 7.9 是样本数据的分块图，图中所示说明，利用块模型分析法可以将样本数据分为七大块，每块包含的用户如表 7.7 所示。

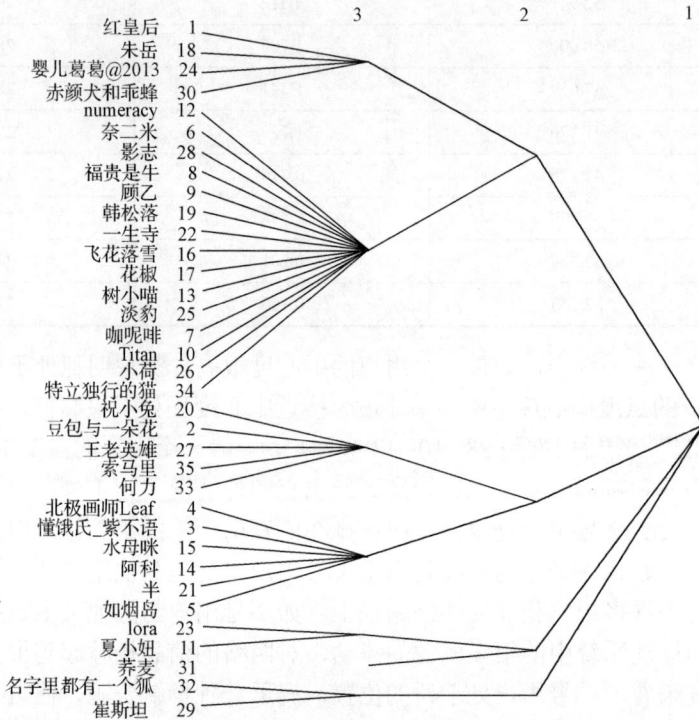

图 7.9　样本数据的分块图

表 7.6　样本数据归一化处理

	1	2	3	4	5	6	7	8	9	10	11	12	13	14	15	16	17	18	19	20	21	22	23	24	25	26	27	28	29	30	31	32	33	34	35
1	0	1	0	0	0	0	0	1	1	1	0	0	1	0	0	0	1	0	0	0	0	1	1	0	0	1	1	1	0	0	0	0	0	0	0
2	1	0	0	0	0	0	0	0	0	0	0	0	0	0	0	0	0	0	0	0	0	0	0	0	0	1	1	1	0	0	0	0	0	0	0
3	0	0	0	0	0	0	0	0	0	1	0	0	0	0	0	0	0	0	0	0	0	0	0	0	0	1	0	1	0	0	0	0	0	0	0
4	0	0	0	0	0	1	0	0	0	0	1	0	1	0	1	1	0	0	0	0	0	0	0	0	0	1	0	0	0	1	0	0	0	0	0
5	0	0	0	0	0	0	0	0	0	0	0	0	0	0	0	0	0	0	0	0	0	1	0	0	0	1	1	1	0	0	0	0	0	0	0
6	0	0	0	1	0	0	1	0	0	0	0	0	1	0	1	0	0	0	0	0	0	0	0	0	0	0	0	1	0	0	0	0	0	1	0
7	0	0	0	0	0	0	0	0	1	0	0	0	1	0	0	0	0	1	0	0	0	0	0	0	0	0	0	1	0	0	0	0	0	0	0
8	1	0	0	0	0	0	0	1	1	1	1	0	1	0	0	0	0	0	0	0	0	1	0	1	0	0	0	0	0	0	0	0	1	0	0
9	0	0	0	0	0	0	1	0	0	1	0	0	1	0	0	0	0	0	0	0	0	1	0	0	0	0	0	0	0	0	0	0	0	0	1
10	0	0	1	0	0	0	0	0	1	0	0	0	0	0	0	0	0	0	0	1	0	0	0	0	0	1	0	1	0	0	0	0	0	0	1
11	0	0	0	0	0	1	1	0	0	1	0	0	0	0	0	0	0	0	0	0	0	1	0	0	0	0	0	1	0	0	0	0	0	0	0
12	0	0	0	0	0	0	0	0	0	0	0	0	1	0	0	0	0	0	0	0	0	0	0	0	0	0	0	0	0	0	0	0	0	0	0
13	1	0	0	1	0	0	0	0	0	0	0	0	0	0	0	0	0	0	0	0	0	0	0	0	0	0	1	0	0	0	1	0	0	0	0
14	0	0	0	0	0	1	0	0	0	0	0	0	1	0	0	0	0	0	0	0	0	0	0	0	0	0	0	1	0	0	0	0	0	0	0
15	0	0	1	1	0	0	1	0	0	1	0	0	1	0	0	0	0	0	0	0	0	1	0	0	0	0	0	1	0	0	0	0	0	0	0
16	0	0	0	0	0	0	0	0	1	0	0	0	1	0	0	0	0	0	0	0	0	0	0	0	0	1	0	0	0	1	0	0	0	0	0
17	1	0	0	0	0	1	0	0	1	0	0	1	0	0	0	0	0	0	0	0	0	1	0	0	0	0	0	1	0	0	0	0	0	1	0
18	0	0	0	0	0	0	0	0	0	1	0	0	1	0	0	0	0	0	0	0	0	0	0	0	0	1	0	1	0	0	0	0	0	0	0
19	1	0	0	0	0	0	0	0	0	0	0	1	1	0	0	0	0	0	0	0	0	1	0	0	0	1	0	0	0	0	0	0	0	1	0
20	0	0	0	0	0	0	0	0	0	1	0	0	0	0	0	0	0	0	0	0	0	0	0	0	0	1	0	1	0	0	0	0	0	0	0
21	0	0	0	0	0	0	0	0	0	0	0	0	0	0	0	0	0	0	0	0	0	0	0	0	0	1	0	0	0	0	0	0	0	0	0

续表

	1	2	3	4	5	6	7	8	9	10	11	12	13	14	15	16	17	18	19	20	21	22	23	24	25	26	27	28	29	30	31	32	33	34	35
22	1	0	0	0	0	1	0	0	0	1	0	1	1	1	0	0	1	1	1	0	0	0	0	0	1	1	0	1	0	0	0	0	1	1	1
23	1	0	0	0	0	0	0	0	0	0	0	0	0	0	0	0	0	0	0	0	0	0	0	0	0	0	0	0	0	0	0	0	0	0	0
24	0	0	0	0	0	0	0	0	1	0	0	0	0	0	0	0	1	0	0	0	0	0	0	0	0	1	0	1	0	0	0	0	0	0	0
25	0	0	0	0	0	0	0	0	0	0	0	0	0	0	0	0	1	0	0	0	0	1	0	0	0	0	0	1	0	0	0	0	0	0	0
26	1	1	1	1	1	1	1	0	0	1	0	0	1	1	1	0	0	0	0	0	0	0	0	1	0	0	1	0	0	0	0	0	1	1	1
27	1	1	0	0	0	0	0	0	1	1	0	0	0	0	0	0	0	0	0	0	0	0	0	0	0	1	0	0	0	0	0	0	0	0	0
28	1	1	1	0	0	0	1	1	0	0	0	0	1	1	0	0	0	0	0	1	0	1	0	0	0	0	0	0	0	0	0	0	0	0	0
29	0	0	0	1	1	1	0	0	0	1	0	0	1	0	1	0	1	0	0	0	0	0	0	0	0	0	0	0	0	0	1	0	0	1	0
30	0	0	0	0	0	0	0	1	0	0	0	0	0	0	0	0	0	0	0	0	0	1	0	0	0	0	0	0	0	0	0	0	0	0	0
31	0	0	0	0	0	0	0	0	0	0	0	0	0	0	0	0	0	0	0	0	0	0	0	0	0	0	0	0	0	0	0	0	0	0	1
32	0	0	0	0	0	0	0	0	0	0	0	0	0	0	0	0	0	0	0	1	0	0	0	0	0	0	0	0	0	1	0	0	0	0	0
33	0	0	0	0	0	1	0	0	1	1	0	0	1	0	0	0	0	0	0	0	0	1	0	0	0	1	0	0	0	0	0	0	0	0	1
34	0	0	0	0	0	0	0	0	0	1	0	0	0	0	0	0	1	0	1	0	0	1	0	0	0	0	0	1	0	0	0	0	0	0	0
35	0	0	0	0	0	0	0	0	1	1	0	0	0	0	0	0	0	0	0	0	0	1	0	0	0	1	0	0	0	0	1	0	1	0	0

表 7.7　样本数据中各块中的用户

块	用户
K_1	1、18、24、30
K_2	12、6、28、8、9、19、22、16、17、13、25、7、10、26、34
K_3	20、2、27、35、33
K_4	4、3、15、14、21、5
K_5	23、11
K_6	31
K_7	32、29

表 7.7 中每个块内部的用户在结构上是对等的。其中 K_6 的 31 号用户荞麦与其他用户的位置都不同，单独成一块。K_7 中包含的用户 32、29 也单独成一块，位置特殊，主要是由于他们是独立点，没有与任何用户有标签共现的关系。

图 7.10 是样本数据的块密度矩阵，矩阵斜对角线上的数值表示每个块内部的密度，其他值表示行和列值对应的块与块之间的标签共现关系。以网络的整体密度 0.2672 作为临界值，块 2 的密度最大为 0.848，然后是 K_1 与 K_2 之间共现关系为 0.383，其他的值都比较小。将该图转换成对应的像矩阵，如表 7.8 所示。

```
块密度矩阵
            1       2       3       4       5       6       7
         ------  ------  ------  ------  ------  ------  ------
1        0.000   0.383   0.100   0.167   0.000   0.125   0.250
2        0.383   0.848   0.227   0.178   0.000   0.000   0.000
3        0.100   0.227   0.200   0.000   0.000   0.000   0.200
4        0.167   0.178   0.000   0.067   0.000   0.083   0.167
5        0.000   0.000   0.000   0.000   0.000   0.000   0.000
6        0.125   0.000   0.000   0.083   0.000   0.000   0.000
7        0.250   0.000   0.200   0.167   0.000   0.000
```

图 7.10　样本数据的块密度矩阵

表 7.8　样本数据的像矩阵

	K_1	K_2	K_3	K_4	K_5	K_6	K_7
K_1	0	1	0	0	0	0	0
K_2	1	1	0	0	0	0	0
K_3	0	0	0	0	0	0	0
K_4	0	0	0	0	0	0	0
K_5	0	0	0	0	0	0	0
K_6	0	0	0	0	0	0	0
K_7	0	0	0	0	0	0	0

表 7.8 中只有三个位置为 1-块，其他都为 0-块。由于该样本数据显示的像矩阵比较稀疏，所以需要对 K_2 内部用户进行二次块模型分析，结果如图 7.11 所示。

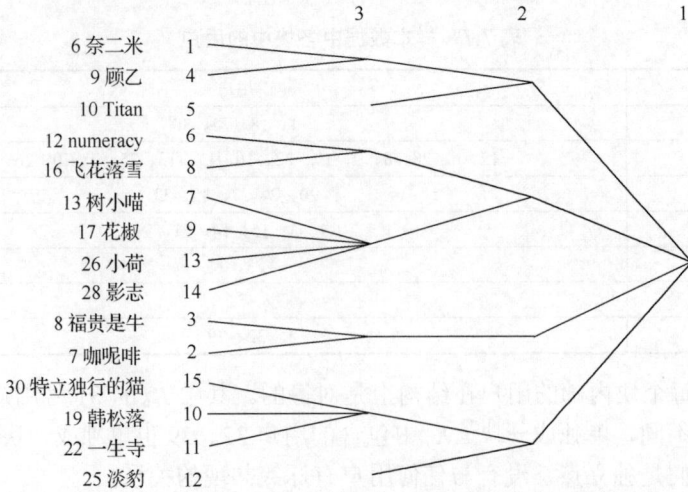

图 7.11　K_2 的块分析

图 7.11 是 K_2 的块分析结果，又分为 7 个子块，每个子块包含的用户如表 7.9 所示，每个子块的密度矩阵如图 7.12 所示。

表 7.9　K_2 中的用户

子块	用户
K_{21}	6 奈二米、9 顾乙
K_{22}	10Titan
K_{23}	12Numeracy、16 飞花落雪
K_{24}	13 树小喵、17 花椒、26 小荷、28 影志
K_{25}	8 福贵是牛、7 咖呢啡
K_{26}	34 特立独行的猫、19 韩松落、22 一生寺
K_{27}	25 淡豹

块密度矩阵

	1	2	3	4	5	6	7
1	1.000	1.000	1.000	1.000	1.000	1.000	0.000
2	1.000		0.500	1.000	1.000	1.000	0.000
3	1.000	0.500	1.000	1.000	1.000	0.833	1.000
4	1.000	1.000	1.000	0.917	1.000	1.000	1.000
5	1.000	1.000	1.000	1.000	0.000	1.000	1.000
6	1.000	1.000	0.833	1.000	0.000	0.833	0.333
7	0.000	0.000	1.000	1.000	0.000	0.333	

图 7.12　K_2 的块密度矩阵

图 7.12 中密度为 1 的比较多，以 K_2 的网络密度 0.8476 为临界标准，该图中处于 1-块位置的像比较多，具体如表 7.10 所示。

表 7.10　K_2 的像矩阵

	K_{21}	K_{22}	K_{23}	K_{24}	K_{25}	K_{26}	K_{27}
K_{21}	1	1	1	1	1	1	0
K_{22}	1	0	0	1	1	1	0
K_{23}	1	0	1	1	1	0	1
K_{24}	1	1	1	1	1	1	1
K_{25}	1	1	1	1	1	0	0
K_{26}	1	1	0	1	0	0	0
K_{27}	0	0	1	1	0	0	0

表 7.10 说明，K_{21}、K_{23}、K_{24}、K_{25} 内部用户的标签共现联系比较密切，内部的凝聚性比较高，K_{22}、K_{26}、K_{27} 三个块内部的联系较为疏松；K_{24} 与其他子块的联系比较密切，均为 1-块。根据像矩阵，得到 K_2 的用户关系简化图 7.13。

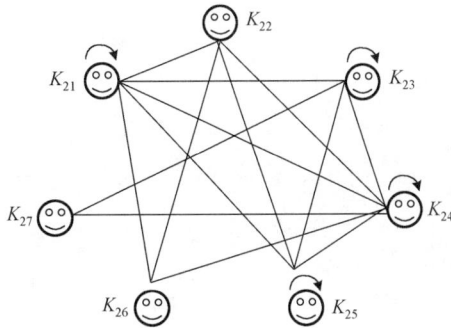

图 7.13　K_2 的用户关系简化图

从图 7.13 中可以发现，K_{24} 中的用户在 K_2 块中处于权威地位，该子块内部用户之间具有很强的凝聚性，尤其是 26 号小荷和 28 号影志；同时该子块与其他的 6 个子块均有联系，关联度较强；然后是 K_{21}、K_{23} 和 K_{25}，这三个子块内部的凝聚性也较强，同时分别与其他的 4 个子块有联系；最后是 K_{27} 子块，不仅内部用户凝聚性较疏松，在整个网络中只与两个块产生共现关系。

7.4.2　K-核

通过 K-核分析，可以有效地发现与用户之间的最小近邻，可以提高个性化信息推荐的精确度，缩小用户的邻接矩阵。在 Ucinet 中对样本数据进行 K-核分析的结果如图 7.14 和图 7.15 所示。

图 7.14 和图 7.15 虽然显示的方式不一样，但都是 K-核分析，图 7.14 更直观，从中可以看出，35 位用户可以进行七种分区，其度数分别为 3、4、5、7、8、9、10，它们分别包含的用户节点如图 7.14 所示。其中 10-核是最大的连通子图，包括的用户节

点也处于核心-边缘图的核心区，其中的每个用户节点至少与图中的其他 10 个用户节点相连。从最大的 10-核到 9-核、8-核、7-核、5-核、4-核，最后是最小的 3-核，大核都是小核的子图，在小核中可以完全找到大核中包含的用户节点。从小核到大核聚类的过程中，每级可能会产生剩余节点。

```
K-核分区

            1 2 1 2         1 1 1 1 2 3 3 2   1 1 3 3   2 2 2     1 3 1 2 2 2 3
规模       1 9 8 2 2 6 7 8 9 0 3 6 7 6 4 0 5 4 4 5 3 5 2 0 4 7 3 5 8 1 1 1 3 9 2
-----     ---------------------------------------------------------------------
   10       XXXXXXXXXXXXXXXXXXXXXXXXXXXXXXXXXXXXXXXXXXXXXXXXXXXXXXXXXXXXXXXXXXX
    9     XXXXXXXXXXXXXXXXXXXXXXXXXXXXXXXXXXXXXXXXXXXXXXXXXXXXXXXXXXXXXXXXXXXXX
    8     XXXXXXXXXXXXXXXXXXXXXXXXXXXXXXXXXXXXXXXXXXXXXXXXXXXXXXXXXXXXXXXXXXXXX
    7     XXXXXXXXXXXXXXXXXXXXXXXXXXXXXXXXXXXXXXXXXXXXXXXXXXXXXXXXXXXXXXXXXXXXX
    5     XXXXXXXXXXXXXXXXXXXXXXXXXXXXXXXXXXXXXXXXXXXXXXXXXXXXXXXXXXXXXXXXXXXXX
    4     XXXXXXXXXXXXXXXXXXXXXXXXXXXXXXXXXXXXXXXXXXXXXXXXXXXXXXXXXXXXXXXXXXXXX
    3     XXXXXXXXXXXXXXXXXXXXXXXXXXXXXXXXXXXXXXXXXXXXXXXXXXXXXXXXXXXXXXXXXXXXX
```

图 7.14　样本数据的 K-核分析(a)

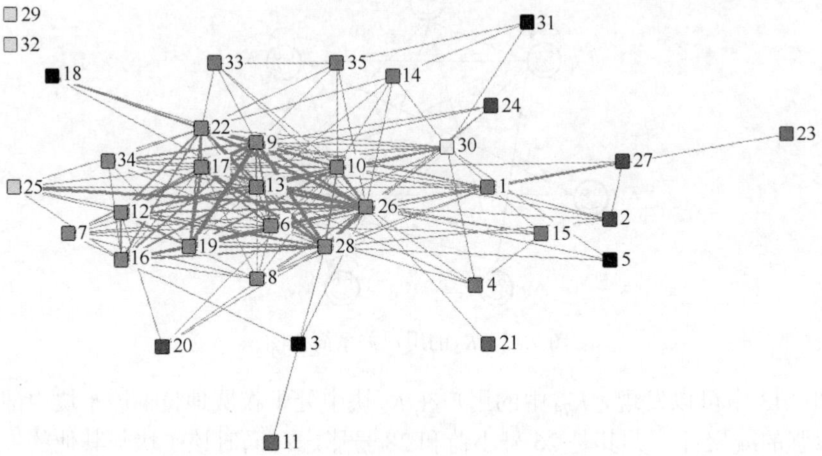

图 7.15　样本数据的 K-核分析(b)

K-核是在整个图中的一个凝聚力相对较高的区域，但它不一定是最大的凝聚子图，因为有可能存在一些相互之间联系松散，但却有很高凝聚力的区域，即网络存在总体分裂性。赛德曼用核塌缩序列来估计一个网络的总体分裂性，核塌缩序列主要针对的是网络中每次升级聚类产生的剩余节点，一个 K-核中的点可以分为两个集合：在 K+1 中的点和不在该核中的点[19]。赛德曼把后一群体称为 K-剩余集合，每当 K 增加一个单位，从核中消失的点所占的比例可以排列为一个向量（即一行简单的数值），可用该向量描述成分内部的局部密度结构[19]，如果向量中的值持续增加到比较高的 K，说明网络的结构具有一致性，如果向量中的 K 值在较低的值出现以后持续出现了 0 值，说明网络中存在多个高密度区。

表 7.11 为样本数据中 K-核的塌缩，从 0 到 11 增加的过程中产生了许多剩余节点，

得到的核塌缩序列为{0.06，0.09，0.00，0.11，0.11，0.14，0.00，0.03，0.03，0.03，0.29}，序列的变化如图 7.16 所示。

表 7.11　样本数据中 K-核的塌缩

K 值	剩余用户节点	剩余点所占比例
0	29、32	0.06
1	11、21、23	0.09
2	0	0.00
3	3、5、18、31	0.11
4	2、20、24、27	0.11
5	4、14、15、33、35	0.14
6	0	0.00
7	25	0.03
8	30	0.03
9	1	0.03
10	6、7、8、9、10、12、13、16、17、19、22、26、28、34	0.29
11	0	0.00

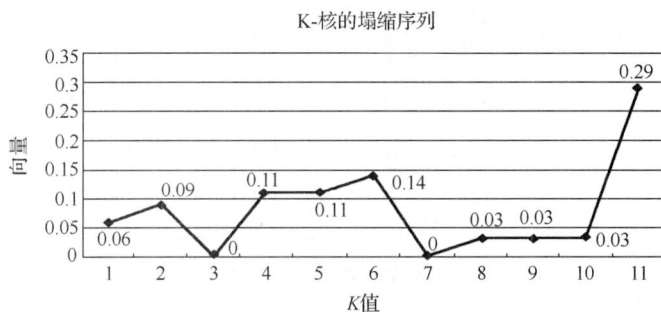

图 7.16　K-核的塌缩序列

从图 7.16 中可以发现，当 K 处于区间[1, 5]时，向量值为 0.06～0.14，其中，当 K 为 3 时，向量值为 0，除塌缩序列有小幅变动以外，向量值整体上是逐渐增大的，所以 K 为 3 时的序列变动可以不予考虑；当 K 处于区间[5, 11]时，即向量值先从 0.14 降到 0，序列保持在较低的变化，向量值增加到 0.03，然后当 K 为 11 时，向量值突然增加到 0.29，塌缩序列产生了较大的变化。所以当 K 分别为 7、8、9 时，网络会产生三个高密子图，分别以 25、30、1 为核心。

7.4.3　结构洞

豆瓣网中的样本数据归一化处理后，在 Ucinet 中以中间中心度指标来说明整体网结构洞测量结果，具体如图 7.17 所示。

		中间中心度	相对中间中心度
26	26小荷	295.111	26.302
28	28影志	79.093	7.049
1	1红皇后	71.224	6.348
10	10 Titan	66.766	5.951
9	9顾乙	62.434	5.565
3	3桃花贼	62.000	5.526
13	13树小喵	55.426	4.940
30	30赤颜犬和乖蜂	47.661	4.248
22	22一生寺	43.248	3.855
16	16飞花落雪	19.583	1.745
17	17花椒	18.974	1.691
6	6奈二米	18.141	1.617
35	35索马里	14.850	1.324
14	14阿科	12.539	1.118
12	12 numeracy	8.883	0.792
19	19韩松落	2.322	0.207
8	8福贵是牛	2.194	0.196
34	34特立独行的猫	1.511	0.135
31	31荞麦	0.900	0.080
2	2豆包与一朵花	0.500	0.045
5	5如烟岛	0.340	0.030
7	7咖呢啡	0.233	0.021
25	25淡豹	0.067	0.006
15	15水母咪	0.000	0.000
21	21半	0.000	0.000
4	4北极画师Leaf	0.000	0.000
27	27王老英雄	0.000	0.000
20	20祝小兔	0.000	0.000
29	29崔斯坦	0.000	0.000
24	24婴儿葛葛@2013	0.000	0.000
23	23 lora	0.000	0.000
11	11夏小妞	0.000	0.000
33	33何力	0.000	0.000
32	32名字里都有一个狐	0.000	0.000
18	18朱岳	0.000	0.000

图 7.17　样本数据的整体网结构洞测量

从图 7.17 中可以发现，26 号小荷的中间中心度最高，比 28 号影志高出很多，说明小荷拥有较多的结构洞。按拥有结构洞数量的多少对用户进行排序，可以为 26 号小荷、28 号影志、1 号红皇后、10 号 Titan、9 号顾乙等，其中 1 号红皇后拥有的结构洞数量仅次于 28 号影志。

从整体网的角度，结合图 7.13 的块分析结构，由于 26 号小荷、28 号影志属于 K_2 块的子块 K_{24}，可以发现由 K_{24} 形成的结构洞很多，具体有 (K_{21}, K_{27})、(K_{22}, K_{27})、(K_{23}, K_{26})、(K_{25}, K_{26})、(K_{25}, K_{27})，1 号红皇后属于 K_1 块，而 K_1 块只与 K_2 块有共现情况，所以不能够进行基于群际的个性化信息推荐。10 号用户颜歌属于 K_2 块的子块 K_{22}，所以由 10 号用户形成的结构洞具体有 (K_{25}, K_{26})，9 号用户薛定谔的猫属于 K_2 块的子块 K_{21}，所以由 9 号用户形成的结构洞具体有 (K_{22}, K_{23})、(K_{23}, K_{26})，其他的类似。所以，可以将 K_{21} 的用户群偏好信息推荐给 K_{27}，K_{22} 的用户群偏好信息推荐给 K_{27} 等。但是在所有的基于群际关系构成的个性化信息推荐组合中，由 26 号和 28 号所在的 K_{24} 块构成的推荐准确率高。

从个体网的角度测量结构洞的结果如图 7.18 所示。

	规模	有效规模	效率	限制度	等级度
1红皇后	12.000	5.500	0.458	0.280	0.034
2豆包与一朵花	5.000	1.400	0.280	0.638	0.008
3桃花贼	4.000	2.500	0.625	0.583	0.047
4北极画师Leaf	5.000	1.000	0.200	0.648	0.000
5如烟岛	3.000	1.667	0.556	0.840	0.074
6奈二米	16.000	5.625	0.352	0.231	0.017
7咖呢啡	10.000	1.300	0.130	0.360	0.001
8福贵是牛	11.000	2.000	0.182	0.329	0.004
9顾乙	19.000	9.000	0.474	0.197	0.042
10 Titan	20.000	10.700	0.535	0.190	0.052
11夏小妞	1.000	1.000	1.000	1.000	1.000
12 numeracy	14.000	4.143	0.296	0.264	0.018
13树小喵	20.000	9.592	0.480	0.192	0.041
14阿科	6.000	2.333	0.389	0.532	0.036
15水母咪	5.000	1.000	0.200	0.648	0.000
16飞花落雪	14.000	4.571	0.327	0.264	0.025
17花椒	17.000	6.121	0.360	0.221	0.025
18朱岳	3.000	1.000	0.333	1.024	0.041
19韩松落	12.000	2.130	0.178	0.306	0.006
20祝小兔	4.000	1.000	0.250	0.766	0.000
21半	1.000	1.000	1.000	1.000	1.000
22一生寺	18.000	8.368	0.465	0.215	0.053
23 lora	1.000	1.000	1.000	1.000	1.000
24婴儿葛葛@2013	4.000	1.000	0.250	0.766	0.000
25淡豹	7.000	1.143	0.163	0.491	0.000
26小荷	28.000	19.143	0.684	0.135	0.073
27王老英雄	4.000	1.000	0.250	0.766	0.000
28影志	20.000	10.500	0.525	0.192	0.072
29崔斯坦	0.000	0.000			
30赤颜犬和乖蜂	13.000	6.769	0.521	0.268	0.047
31荞麦	3.000	2.333	0.778	0.611	0.052
32名字里都有一个狐	0.000	0.000			
33何力	5.000	1.000	0.200	0.648	0.000
34特立独行的猫	11.000	1.909	0.174	0.329	0.003
35索马里	6.000	2.667	0.474	0.478	0.030

图 7.18　样本数据的个体网结构洞测量

其中，第 4 列的指标是限制度，最能反映个体的结构洞控制能力，从图中可以发现，26 号和 28 号用户的限制度值最小，说明这两位用户可以充分地运用结构洞能力；而 11 号夏小妞、18 号朱岳、21 号半、23 号 lora 等的限制度值较大，不能够充分地运用结构洞能力。从有效规模指标分析，发现 26 号和 28 号用户的值最大，可以有效地利用结构洞的能力向其所联系的其他用户推荐信息。

7.5　豆瓣网的个性化信息推荐模型测试

为了增强常量的客观性，现对存量流量图中的相关常量初始值进行详细说明，如表 7.12 所示。

豆瓣网中的 5 个表函数数据由 30 天的实际数据跟踪得到，为了方便系统动力学的仿真分析，将 30 天平均分为 60 个时间单位来采集数据，其中，知识势差用户的教育程度来观察；归属感用户网络中用户是否经常标注来观察；群体支持用户的回应次数来观察；用户知识更新程度用用户阅读的书籍类型来观察；偏好漂移率 1 用用户群内用户的阅读兴趣改变状况来观察；偏好漂移率 2 用群体用户的阅读兴趣改变状况来观察，结果具体如表 7.13 所示。

表 7.12　存量流量图中的常量初始值说明

常量名称	初始值	常量名称	初始值
C_1	网络密度	C_{10}	是否相互推荐过[0, 1]
C_2	网络关联度	C_{11}	群内最高的点度数中心度
C_3	0.5	C_{12}	[不同 02, 部分相同 0.5，相同 0.8]
C_4	0.5	C_{13}	群体态度[02, 0.5, 0.8]
C_5	户龄[0, 1]	C_{14}	图的度数中心势
C_6	用户的回应度	C_{15}	块密度
C_7	用户的认同度	C_{16}	结构洞
C_8	是否相互关注过[0, 1]	C_{17}	群内历史（采纳量/推荐量）
C_9	是否遵守规范[0, 1]	C_{18}	群际历史（采纳量/推荐量）

表 7.13　豆瓣网中的数据

知识势差	([(0, 0)～(60, 1)], (0, 1), (5, 0.9), (10, 0.8), (15, 0.7), (20, 0.6), (25, 0.5), (30, 0.4), (35, 0.3), (40, 0.22), (45, 0.17), (50, 0.15), (55, 0.14), (60, 0.13))
归属感	([(0, 0)～(60, 1)], (0, 0), (10, 0.01), (15, 0.05), (20.08), (25, 0.1), (30, 0.13), (35, 0.16), (40, 0.2), (45, 0.22), (50, 0.24), (55, 0.26), (60, 0.3))
群体支持	([(0, 0)～(60, 1)], (0, 0), (10, 0.1), (15, 0.15), (20, 0.2), (25, 0.26), (30, 0.34), (35, 0.42), (40, 0.5), (45, 0.6), (50, 0.72), (55, 0.74), (60, 0.76))
用户知识更新度	([(0, 0)～(60, 1)], (0, 0), (5, 0.05), (10, 0.1), (15, 0.15), (20, 0.25), (25, 0.32), (30, 0.42), (35, 0.58), (40, 0.71), (45, 0.8) , (50, 0.82), (55, 0.83), (60, 0.84))
偏好漂移率 1	([(0, 0)～(60, 0.1)], (0, 0), (10, 0.001), (15, 0.005), (20, 0.008), (25, 0.01), (30, 0.013), (35, 0.016), (40, 0.02), (45, 0.022), (50, 0.024), (55, 0.026), (60, 0.03))
偏好漂移率 2	([(0, 0)～(60, 0.1)], (0, 0), (10, 0.002), (15, 0.004), (20, 0.006), (25, 0.01), (30, 0.015), (35, 0.018), (40, 0.022), (45, 0.024) , (50, 0.027), (55, 0.03), (60, 0.035))

1）用户关系网络中的知识共享量

在豆瓣网中，其他值保持不变，将用户关系网络的密度值按照顺序（0.1,0.3,0.5,0.8）分别取值，最后得到的用户关系网络中的知识共享量图形如图 7.19 所示。其中，曲线 1 是网络密度为 0.8 时的图形，曲线 2 是网络密度为 0.5 时的图形，曲线 3 是网络密度为 0.3 时的图形，曲线 4 是网络密度为 0.1 时的图形。

由图形可以发现，从曲线 4 到曲线 1，随着密度值不断变大，知识共享量也在不断变大，而且密度值越大，知识共享量增加的幅度也越大，密度值越小，知识共享量增加的幅度就越小，如曲线 4，密度为 0.1，曲线基本呈水平状。

2）用户间的信任

在豆瓣网中，其他值保持不变，将个人声望值按照顺序（0.1, 0.3, 0.5, 0.8）分别取值，最后得到的用户间的信任图形如图 7.20 所示。其中，曲线 1 是个人声望为 0.8 时的图形，曲线 2 是个人声望为 0.5 时的图形，曲线 3 是个人声望为 0.3 时的图形，曲线 4 是个人声望为 0.1 时的图形。

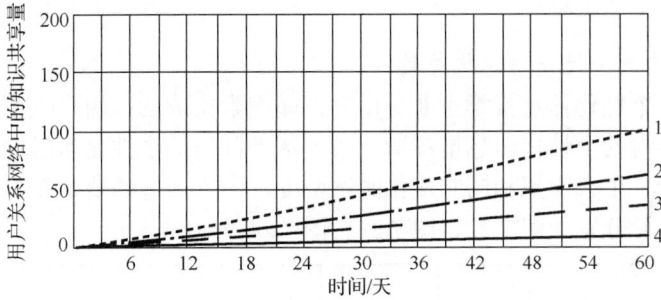

图 7.19　用户关系网络中的知识共享量

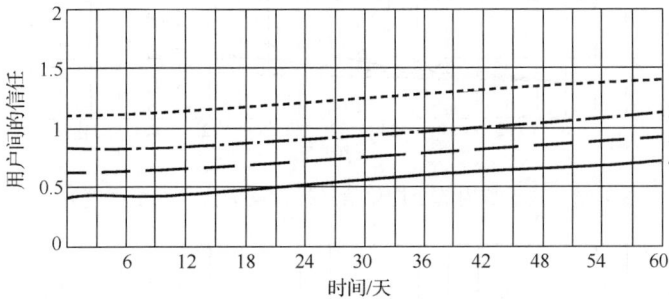

图 7.20　用户间的信任变化

由图形可以发现，从曲线 4 到曲线 1，随着个人声望不断变大，用户间的信任整体上呈水平状上移。

3）群际间的信任

在豆瓣网中，其他值保持不变，将图的度数中心势按照顺序（0.1, 0.3, 0.5, 0.8）分别取值，最后得到的群际间的信任图形如图 7.21 所示。其中，曲线 1 是图的度数中

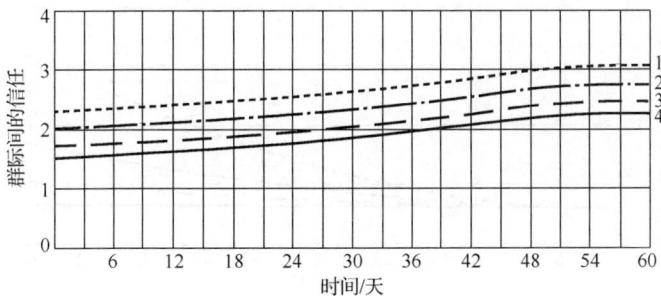

图 7.21　群际间的信任

心势为 0.8 时的图形，曲线 2 是图的度数中心势为 0.5 时的图形，曲线 3 是图的度数中心势为 0.3 时的图形，曲线 4 是图的度数中心势为 0.1 时的图形。

由图形可以发现，从曲线 4 到曲线 1，随着图的度数中心势不断变大，群际间的信任整体上呈水平状上移。

4）基于群内的个性化信息推荐量

基于群内的个性化信息推荐主要是由三方面因素构成的：用户关系网络中的知识共享量、基于群内的个性化信息推荐增加率、基于群内的个性化信息推荐失效率。分别变化网络密度、个人声望和同时变化网络密度、个人声望的值，得到的基于群内的个性化信息推荐量分别如图 7.22、图 7.23、图 7.24 所示。

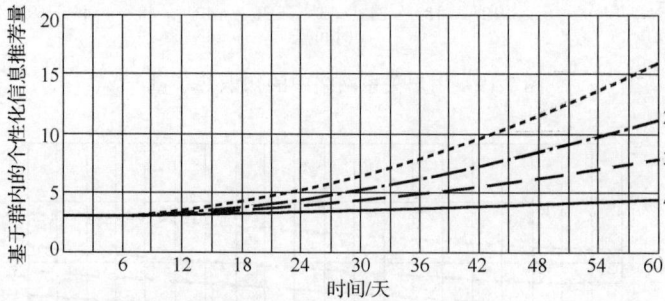

图 7.22　基于群内的个性化信息推荐量变化（网络密度）

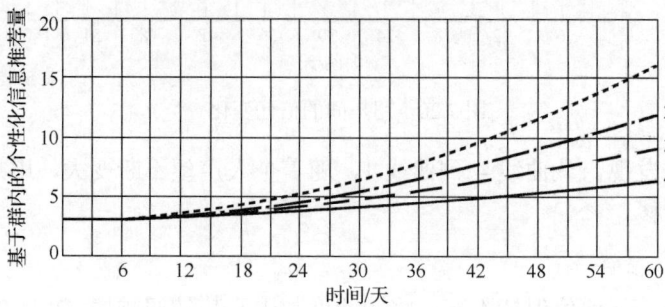

图 7.23　基于群内的个性化信息推荐量变化（个人声望）

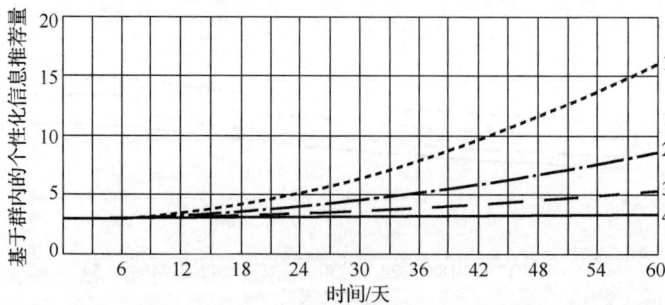

图 7.24　基于群内的个性化信息推荐量变化（个人声望+网络密度）

5）基于群际的个性化信息推荐量

基于群际的个性化信息推荐主要是由三方面因素构成的：用户关系网络中的知识共享量、基于群际的个性化信息推荐增加率、基于群际的个性化信息推荐失效率。分别变化网络密度、图的度数中心势和同时变化网络密度、图的度数中心势的值，得到的基于群际的个性化信息推荐量分别如图 7.25、图 7.26、图 7.27 所示。

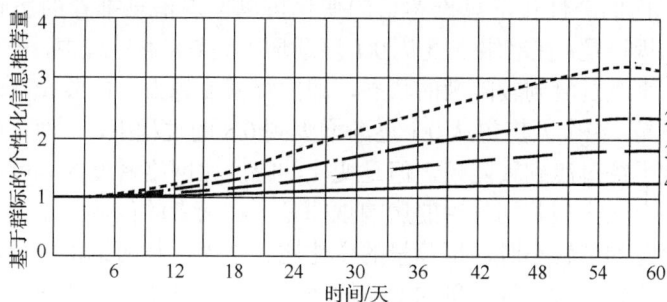

图 7.25　基于群际的个性化信息推荐量变化（网络密度）

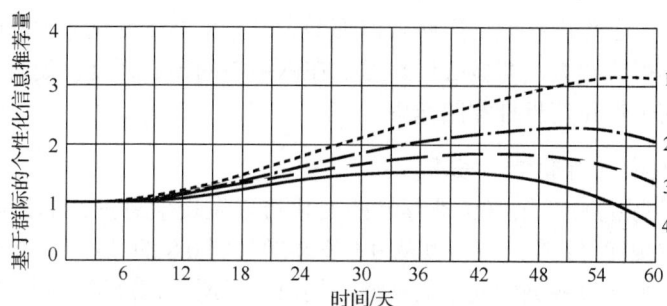

图 7.26　基于群际的个性化信息推荐量变化（图的度数中心度）

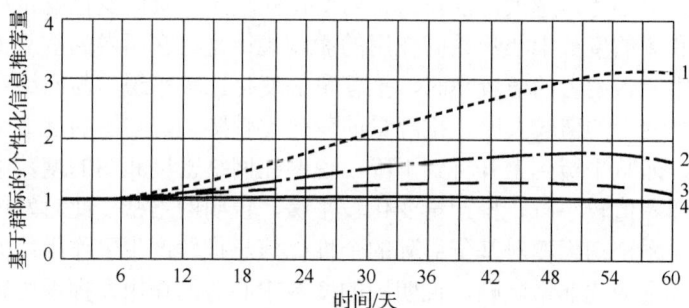

图 7.27　基于群际的个性化信息推荐量变化（图的度数中心势+网络密度）

7.6　结　果　评　价

1）基于群内的个性化信息推荐

通过基于群内的个性化信息推荐量的变化可以发现信息推荐的影响因素中网络密度单独的影响规律是：在网络密度从 0.1 逐渐增大到 0.8 的过程中，个性化信息推荐量的变化逐渐从平缓过渡到较陡峭的状态，即网络密度越大，曲线越陡峭。个人声望单独的影响规律是：在个人声望从 0.1 逐渐增大到 0.8 的过程中，个性化信息推荐量的变化也是逐渐从平缓过渡到较陡峭，但是变化的幅度比网络密度的幅度小。

网络密度和个人声望共同作用的影响规律是：在两者的值从 0.1 逐渐增大到 0.8 的过程中，当两者的值较小时，推荐量的变化比较平缓，与网络密度单独影响的图形类似，当两者的值较大时，推荐量的变化比较陡峭，并且比前一曲线变化的幅度要大得多，说明在网络密度和个人声望共同作用的情况下，两者值较小时，推荐量变化较平缓，说明网络密度此时发挥了作用，即网络中用户的关系密切程度对基于群内的个性化信息推荐产生了作用；但是当两者值都增大时，推荐量变化非常陡峭，说明个人声望的作用发挥得比较大，即核心用户通过在网络中的核心程度，使得用户的权力发挥了基于群内的个性化信息推荐的作用。

2）基于群际的个性化信息推荐

通过基于群际的个性化信息推荐量的变化可以发现信息推荐的影响因素中网络密度单独的影响规律是：在网络密度从 0.1 逐渐增大到 0.8 的过程中，个性化信息推荐量的变化逐渐从平缓过渡到较陡峭的状态，同时，当网络密度增大到一定值的时候，基于群际的个性化信息推荐量有减少的趋势。图的度数中心势单独的影响规律是：在中心势值从 0.1 逐渐增大到 0.8 的过程中，个性化信息推荐量的变化整体从平缓到上升再到下降，只是中心势值越大，推荐量正向变化就越大，负向变化就越小。

网络密度和图的度数中心势共同作用的影响规律是：在两者的值从 0.1 逐渐增大到 0.8 的过程中，当两者的值较小时，推荐量的变化比较平缓，与网络密度单独影响的图形类似，当两者的值较大时，推荐量的变化比较陡峭，与图的度数中心势单独影响的图形相似，即从平缓到上升再到下降，说明在网络密度和图的度数中心势共同作用的情况下，两者值较小时，推荐量变化较平缓，说明网络密度此时发挥了作用，即网络中用户的关系密切程度对基于群际的个性化信息推荐产生了作用；但是当两者值都增大时，推荐量变化非常陡峭，说明图的度数中心势的作用发挥得比较大，即网络围绕某些核心人物的总体整合度对基于群际的个性化信息推荐发挥了较大的作用。

所以，从测量的数据可知，当网络的密度较小时，即网络中的用户关系数量较少时，基于群内的个性化信息推荐比基于群际的个性化信息推荐受网络密度的影响较大；

当网络的密度较大时，基于群内的个性化信息推荐受核心人物的影响较大，基于群际的个性化信息推荐受图的中心势值影响较大。

7.7　本 章 小 结

本章以豆瓣网的用户读书信息作为数据样本，根据自组织理论、社会网络分析理论、系统动力学理论，针对第 4 章研究的内容进行社会化标注系统的演化分析、针对第 5 章研究的内容进行社会化标注系统中用户关系网络分析、针对第 6 章研究的内容进行个性化信息推荐模型分析。

豆瓣网中用户（集）、资源（集）、标签（集）各自的形成和演化主要通过品味系统的口碑传播实现。豆瓣网中用户-资源、用户-标签、资源-标签之间关系的形成和演化主要通过表达系统的用户身份构建和认同实现。豆瓣网的社会化标注系统整体演化主要通过系统的社群认同实现。

从豆瓣用户读书的标签使用关系角度提取用户关系网络，它服从核心-边缘结构，利用块模型方法、K-核方法提取了用户关系网络的凝聚子群并在此基础上进行群内的个性化信息推荐，然后基于结构洞理论对群际的信息进行个性化信息推荐；最后收集豆瓣网中相应的数据，详细分析影响个性化信息推荐的主要因素。

从实证角度分析了本书构建的模型的科学性、合理性、可操作性等。

第8章 结论与展望

8.1 研 究 结 论

本书针对社会化标注系统中的个性化信息推荐模型问题展开研究，在综述"社会化标注系统""个性化信息推荐"的基础上，对国内外"社会化标注系统中的个性化信息推荐模型"研究现状进行分析，通过自组织理论、社会网络分析理论、系统动力学等理论与方法围绕社会化标注系统的演化过程、用户关系网络、个性化信息推荐模型构建等核心问题进行详细分析。

本书的研究结论如下。

（1）基于自组织理论的社会化标注系统的演化形式遵循超循环理论，同时具有层级耗散结构特征。运用自组织理论，对社会化标注系统的特征进行分析，得出社会化标注系统具有自组织系统的开放性、远离平衡态、非线性相关性、随机涨落等特征；然后对社会化标注系统的自组织演化形式进行分析，从二元关系、三元关系到多元的超循环演化形式进行分析研究，并指出其中的用户集、资源集、标签集和社会化标注系统均是自组织系统，然后运用超循环理论分别对它们的自组织演化机理进行了探讨，并构建了社会化标注系统的自组织演化模型；最后根据耗散结构理论，从多层级的角度，对社会化标注系统的序化形成过程进行研究，具体分析了社会化标注系统的内部正熵和外部负熵之间的关系、系统整体熵的演化方向、系统的有序度和平衡态，最后提出了系统序化的平衡极点。

（2）从社会网络分析的角度，可以发现社会化标注系统的用户关系网络结构和凝聚子群。首先分析用户关系的形成、特征、类型、分析流程等，着重从信任维、知识维、结构维三个侧面分析了用户关系的影响因素；然后对用于关系的社会网络结构进行研究，具体从幂律分布、网络密度、核心-边缘结构、中心性等进行详细论述；最后对用户关系的凝聚子群进行研究，利用块模型的"结构对等性"对行动者进行聚类，将块密度值大的群体进行凝聚子群分析，利用 K-核分析对块模型进行补充，选择其他高凝聚子群，利用结构洞方法发现存在结构洞的用户，即基于群际的用户，并对其所拥有的标签对应的资源信息进行聚合。

（3）社会化标注系统中的个性化信息推荐模型可以分为静态模型和动态模型来构建。首先从系统学的角度研究构成个性化信息推荐系统的六大要素，分别是核心要素、动力要素、基础要素、自复制要素、传输要素、转换要素，它们是系统中所有时间内都起作用的元素，同时在遵循构建概念的原则下，基于六大要素构建了个性化信息推荐的静态模型；然后从推荐过程的角度构建个性化信息推荐的动态模型，具体分为个性化信息推荐的一层动态模型和二层动态模型；最后利用系统动力学对个性化信息推荐模型进行影响因素分析，当网络的密度较小时，基于群内的个性化信息推荐与基于群际的个性化信息推荐受网络密度的影响较大，当网络的密度较大时，基于群内的个性化信息推荐受核心人物的影响较大，基于群际的个性化信息推荐受图的中心势值影响较大。

总体上，通过前期的理论分析和后期的实证分析，本书的研究结论是：从理论角度，构建模型的过程遵循复杂性科学的研究过程，具体使用宏观分析与微观分析相结合、科学推理与哲学思辨相结合的研究方法；从实证角度，发现了个性化的信息，并实现了信息推荐，得到了推荐过程的影响因素，说明本书构架的模型具有一定的科学性、合理性和可操作性。

8.2　研　究　展　望

本书对社会化标注系统中的个性化信息推荐模型的相关问题进行较为深入的研究和分析，提出了基于群内和群际的个性化信息推荐，并构建了个性化信息推荐的静态和动态模型，用系统动力学仿真了信息推荐的动力过程，但是随着研究的不断深入，逐渐发现还有许多问题尚未解决，具体如下。

（1）社会化标注系统中标签的语义问题。在社会化标注系统中，针对一个标签，可能是不同的用户针对同一资源产生的，也可能是不同的用户针对不同的资源产生的，如何区分这两种情况，即标签的语义问题。将进一步对该问题进行深入研究。

（2）如何将社会化网络分析方法与基于内容的推荐、协作推荐三者进行相互融合、补充，使社会化标注系统中的个性化信息推荐更加准确。以后将进一步对该问题进行深入研究。

参 考 文 献

[1] Spivak N. Web3. 0 is about intelligence. http: //bub. blicious/? p=432[2013-01-10].

[2] 谭晨辉, 刘青炎. Open API 出现、起源与现状. 程序员, 2008, 07: 38-41.

[3] 熊回香, 陈珊, 许颖颖. 基于 Web3. 0 的个性化信息聚合技术研究. 情报理论与实践, 2011, 34(8): 95-99.

[4] 吴汉华, 王子舟. 从"Web3. 0"到"图书馆 3.0". 图书馆建设, 2008, 4: 66-70.

[5] 熊回香, 王学东. 面向 Web3. 0 的分众分类研究. 图书情报工作, 2010, 54(3): 104-105.

[6] 陈定权, 武立斌. 社会网络视角下的信息推荐. 情报杂志, 2007, 11: 37-42.

[7] Furner J. On recommending. Journal of the American Society for Information Science and Tecnology, 2002, 53(9): 747-763.

[8] 胡吉明. 社会化推荐服务研究述评. 情报科学, 2011, 29(2): 308-309.

[9] 冯蕾, 张宇光, 唐丽. 复杂网络理论在图书馆个性化推荐服务中的应用. 情报理论与实践, 2009, 32(2): 69-71.

[10] Chiu D, Leung H, Lam K M. On the making of service recommendations: An action theory based on utility, reputation, and risk attitude. Expert Systems with Applications, 2009, 36(2): 3293-3301.

[11] 魏建良, 朱庆华. 社会化标注理论研究综述. 中国图书馆学报, 2009, 35(184): 88-96.

[12] Niwa S, Doi T, Honiden S. Web page recommender system based on folksonomy mining for ITNG'06 submissions. Information Technology: New Generations, Third International Conference, 2006: 388-393.

[13] Sasaki A, Miyata T, Inazumi Y, et al. Web content recommendation system based on similarities among contents cluster of social bookmark. DB Web 2006, 2006: 59-66.

[14] Michlmayr E, Cayzer S. Learning user profiles from tagging data and leveraging them form personal(ized) information access. Proceedings of the Workshop on Tagging and Metadata for Social Information Organization, 16th International World Wide Web Conference, 2007: 1-7.

[15] Walter F. A model of a trust based recommendation system on a social network. Autonomous Agents and Multi Agent Systems, 2008, 16(1): 57-74.

[16] Li Y M, Chen C W. A synthetical approach for blog recommendation: Combining trust, social relation, and semantic analysis. Expert Systems with Applications, 2009, 36(3): 6536-6547.

[17] Sinha R R, Swearingen K. Comparing recommendations made by online systems and friends. Proceedings of the 2nd DELOS Network of Excellence Workshop on Personalisation and Recommender Systems in Digital Libraries, 2001: 155-160.

[18] 任红娟, 张志强. 基于文献记录的科学知识图谱发展研究. 情报杂志, 2009, 12: 86-90.

[19] Golder S A, Bernardo A. Usage patterns of collaborative tagging systems. Journal of Information

Science, 2006, 32(2): 198-208.

[20] Hotho A, Jasehke R, Sehmi C, et al. Information retrieval in folksonomies: Search and ranking. http: // maps.cs.hut.fi/bib/FolksonomyOntology/Information_Retrieval_in_Folksonomies_Search_and_Rank ing.pdf [2013-04-25].

[21] Marlow C, Naaman M, Doyd D, et al. HT06, tagging paper, taxonomy, flickr, academic article, to read. http: //www.stanford.edu/～koutrika/Readings/res/Default/p31marlow.pdf [2013-04-25].

[22] Mathes A. Folksonomies cooperative classification and communication through shared metadata. http: //www.citeulike.org/group/862/article/90413 [2013-04-25].

[23] Sen S, Shyong K, Al M R, et al. Tagging, communities, vocabulary, evolution. http: //folk. uio. no/yennyo/readme/old/p181sen.pdf [2014-04-25].

[24] Ding Y, Jacob E K, Zhang Z, et al. Perspectives on social tagging. Journal of the American Society for Information Science and Technology, 2009, 60(12): 2388-2401.

[25] Golder S A, Huberman B A. Usage patterns of collaborative tagging systems. Information System, 2006, 32(2): 198-208.

[26] Kim H N, Rawashdeh M, Alghamdi A, et al. Folksonomy based personalized search and ranking in social media services. Information Systems, 2011, 37(1): 61-76.

[27] Kim H N, Roczniak A, Levy P, et al. Social media filtering based on collaborative tagging in semantic space. Multimedia Tools and Applications, 2012, 56(1): 63-89.

[28] Millen D, Yang M, Whittaker S, et al. Social bookmarking and exploratory search. http: //research. microsoft. com/enus/um/people/ryenw/proceedi ngs/ESI2007. pdf#page=9 [2014-04-25].

[29] Belen B M, Costa M E, Burguillo J C, et al. A hybrid content-based and item-based collaborative filtering approach to recommend TV programs enhanced with singular value decomposition. Information Sciences, 2010, 180(22): 4290-4311.

[30] Adomavicius G, Tuzhilin A. Toward the next generation of recommender systems: A survey of the state of the art and possible extensions. IEEE Transactions on Knowledge and Data Engineering, 2005, 17(6): 734-749.

[31] Balabanovic M, Shoham Y. Content-based collaborative. Recommendation, 1997, 40: 66-80.

[32] Herlocker J L, Konstan J A, Terveen K, et al. Evaluating collaborative filtering recommender systems. ACM Transactions on Information Systems, 2004, 22(1): 5-53.

[33] Shardanand U, Maes P. Social information filtering: Algorithms for automating"word of mouth". Proceedings of the SIGCHI Conference on Human Factors in Computing Systems, 1995: 210-217.

[34] Konstan J A, Miller B N, Maltz D, et al. GroupLens: Applying collaborative filtering to usenet news. Communications of the ACM, 1997, 40(3): 77-87.

[35] Bonhard P, Sasse M A. Knowing me, knowing you using profiles and social networking to improve recommender systems. Bt Technology Journal, 2006, 24(3): 84-98.

[36] Lambiotte R, Ausloos M. Collaborative tagging as a tripartite network. http: //arxiv.org/pdf/cs/

0512090.pdf [2013-08-22].

[37] Zhang Z K, Zhou T, Zhang Y C. Personalized recommendation via integrated diffusion on user-item-tag tripartite graphs. Physical, 2010, 389(1): 179-186.

[38] Shang M S, Zhang Z K, Zhou T. Collaborative filtering with diffusion based similarity on tripartite graphs. Physical, 2010, 389(6): 1259-1264.

[39] Cattuto C, Schmitz C, Baldassarri A, et al. Network properties of folksonomies. AI Communications, 2007, 20(4): 245-262.

[40] Ghoshal G, Zlatic'V, Caldarelli G, et al. Random hypergraphs and their applications. http: //arxiv. org/abs/09030419 [2013-08-22].

[41] Zlatic'V, Ghoshal G, Caldarelli G. Hypergraphs topological quantities for tagged social networks. http: // pre. aps. org/abstract/PRE/v80/i3/e036118 [2013-08-22].

[42] de Pessemier T, Deryckere T, Martens L. Context aware recommendations for user generated content on a social network site. http: //www.ig iglobal.com/article/ontology folksonomy a shapeless oranges/ 2828 [2013-08-22].

[43] Kim H N, El Saddik A. Exploring social tagging for personalized community recommendations. User Modeling and Useradapted Interaction, 2013, 23(2-3): 249-285.

[44] Vasanth N, Sumeet D. Folksonomy based ad hoc community detection in online social networks. http: // link. springer. com/article/10. 1007%2Fs1327801200819?LI=true#page1 [2013-08-22].

[45] Marek L, Borkur S, Alejandro J. Understanding and leveraging tag-based relations in online social networks. http://dl.acm.org/ft_gateway.cfm?id=2310035&ftid=1259240&dwn=1 [2013-08-22].

[46] Symeonidis P, Nanopoulos A, Manolopoulos Y. Tag recommendations based on tensor dimensionality reduction. http: //www.bradblock.com/s3websiteuswest.amazonaws.com/Tag_Recommendations_Based_ on_Tensor_Dim ensionality_Reduction.pdf [2013-08-22].

[47] Rendle S, Schmidit-Thieme L. Pairwise interaction tensor factorize ation for personalized tag recommendation. http: //wume.cse.lehigh.edu/~ovd209/wsdm/proceedings/docs/p81.pdf [2013-08-22].

[48] Ralf K, Peter F. Personalized topic-based tag recommendation. http: //www.sciencedirect.com/ science/article/pii/S0925231211003985 [2013-02-28].

[49] Cichockia A, Zdunek R, Phan A H, et al. Nonnegative Matrix and Tensor Factorizations: Applications to Exploratory Multiway Data Analysis and Blind Source Separation. Hoboken: Wiley, 2009.

[50] Kolda T G, Bader B W. Tensor decompositions and applications. SIAM Review, 2009, 51(3): 455-500.

[51] Kroonenberg P M. Applied Multiway Data Analysis. Hoboken: Wiley, 2008.

[52] Rendle S, Balby Marinho L, Nanopoulos A, et al. Leaming optimal ranking with tensor factorization for tag recommendation. Proceedings of the 15th ACM SIGKDD International Conference on Knowledge Discovery and Data Mining ACM, 2009: 727-736.

[53] Deerwester S, Dumais S T, Furnas G W, et al. Indexing by latent semantic analysis. http: //www.

cob.unt.edu/itds/faculty/evangelopoulos/dsci5910/LSA_Deerwester1990.pdf [2012-08-18].

[54] Hofmann T. Probabilistic latent semantic indexing. http: //lvk.cs.msu. su/~bruzz/articles/feature_ Selection_clustering/Hofmann. SIGIR99. pdf [2013-08-18].

[55] Blei D M, Ng A Y, Jordan M I. Latent dirichlet allocation. http: //admis.fudan.edu.cn/seminars/ppt/ lecturelda.pdf [2012-08-22].

[56] Umbrath A S, Wetzker R, Umbrath W, et al. A hybrid PLSA approach for warmer cold start in folksonomy recommendation. http: //www.dailabor.de/fileadmin/Files/Publikationen/Buchdatei/Said. pdf [2014-08-23].

[57] Francisco E, José J A, Alberto C. Ontology of folksonomy: A new modeling method. http: //www.gsd. unavarra.es/gsd/files/condep/EcAsCoVisaakm07f.pdf [2013-02-28].

[58] Gruber T. Ontology of folksonomy: A mashup of apples and oranges. http: //www.igiglobal.com/ article/ontology folksonomy mash apples oranges/2828 [2013-02-28].

[59] Godoy D, Amandi A. Hybrid content and tag-based profiles for recommendation in collaborative tagging systems. http: //dblab. cs. nccu. edu. tw/presentation/980525/980525.pdf [2013-08-22].

[60] Zhang Y, Feng B. Tag-based user modeling using formal concept analysis. Proceedings of the 8th IEEE International, Conference on Computer and Information Technology, 2008: 485-490.

[61] Jschke R, Hotho A, Schmitz C, et al. Discovering shared conceptualizations in folksonomies. Web Semantics: Science, Services and Agents on the World Wide Web, 2008, 6(1): 38-53.

[62] 曹高辉, 毛进. 基于协同标注的 B2C 电子商务个性化推荐系统研究. 图书情报工作, 2008, 52(12): 126-128.

[63] 杨丹, 曹俊. 基于 Web2.0 的社会性标签推荐系统. 重庆工学院学报: 自然科学版, 2008, 7: 52-53.

[64] 吴江. 豆瓣中图书、标签、读者推荐构成的网络分布特征研究. 计算机与网络, 2009, 3: 145-148.

[65] 邓双义. 基于语义的标签推荐系统关键问题研究. 上海: 华东师范大学, 2009.

[66] 田莹颖. 基于社会化标签系统的个性化信息推荐探讨. 图书情报工作, 2010, 54(1): 50-54.

[67] Konstas I. Recommendation in the social web. AI Magazine, 2011, 32(3): 46-56.

[68] Kazienko P, Musial K. Recommendation framework for online social networks. 4th International Atlantic Web Intelligence Conference(AWIC2006), 2006: 111-120.

[69] Groh G, Ehmig C. Recommendations in taste related domains: Collaborative filtering vs. social filtering. Proceedings of the 2007 International ACM Conference on Supporting Group Work, 2007: 127-136.

[70] Jung J J. Are you satisfied with your recommendation service: discovering social networks for personalized mobile services. 2nd KES International Symposium on Agent and Multi-Agent Systems, 2008: 567-573.

[71] Hu J. Personalized tag recommendation using social influence. Journal of Computer Science and Technology, 2012, 27(3): 527-540.

[72]　Wei D. Effective mechanism for social recommendation of news. Physical Statistical Mechanics and Its Applications, 2011, 390(11): 2117-2126.

[73]　魏建良, 朱庆华. 基于社会化标注的个性化推荐研究进展. 情报学报, 2010, 4: 625-633.

[74]　易明. 社会化标签系统中基于组合策略的个性化知识推荐研究. 情报科学, 2011, 7: 1093-1097.

[75]　冯敏. 情报学中信息社会化推荐的理论研究. 情报理论与实践, 2011, 8: 25-30.

[76]　任佩瑜, 张莉, 宋勇. 基于复杂性科学的管理熵、管理耗散结构理论及其在企业组织与决策中的作用. 管理世界, 2001, 6: 142-147.

[77]　曾国屏. 超循环自组织理论. 科学、技术与辩证法, 1988, 4: 63-85.

[78]　普里戈金. 非平衡系统的自组织. 北京: 科学出版社, 1986.

[79]　哈肯. 协同学. 北京: 科学出版社, 1989.

[80]　沈小峰, 胡岗, 姜璐. 耗散结构论. 上海: 上海人民出版社, 1987: 90-102.

[81]　Wellman B. Network analysis: Some basic principles. Sociological Theory, 1983, 1: 157.

[82]　Weber M. 社会科学方法论. 北京: 华夏出版社, 1999.

[83]　Wellman B. Structural Analysis: From Method and Metaphor to Theory and Substance. Cambridge: Cambridge University Press, 1988: 47.

[84]　Marsden P, Lin N. Social Structure and Network Analysis. Beverly Hills: Sage Publications, 1982: 10.

[85]　Wellman B, Berkovitz S D. Social Structures: A Network Approach. Greenwich: JAI Press, 1997: 20.

[86]　Castell M. 网络社会的崛起. 北京: 社会科学文献出版社, 2003.

[87]　Wasserman S, Faust K. Social Network Analysis: Methods and Applications. Cambridge: Cambridge University Press, 1994: 20.

[88]　Henry M, Kneller R, Milner C. Trade, technology transfer and national efficiency in developing countries. European Economic Review Online, 2010, 23(11): 337-342.

[89]　Forrester J W. Industrial dynamics: A breakthrough for decision makers. Harvard Business Review, 1958: 36(4): 37-66.

[90]　Forrester J W. Industrial Dynamics. Cambridge: Productivity Press, 1961.

[91]　武慧娟, 徐宝祥. 基于知识图谱的社会化标签系统研究热点与前沿分析. 情报科学, 2012, 30(10): 1447-1451.

[92]　张子柯. 社会化标签系统的结构、演化和功能. 上海理工大学学报, 2011, 33(5): 445-451.

[93]　鲁晓明. Web2. 0 中社会性标签系统的复杂网络特性研究. 现代情报, 2007, 12: 64-66.

[94]　李传殿, 宣云干, 鞠秀芳. 社会化标注系统的复杂适应性分析. 系统科学学报, 2011, 19(4): 21-23.

[95]　李静. 社会化标注的语义聚类. 情报科学, 2011, 29(7): 1007-1009.

[96]　陈丽霞, 窦永香, 秦春秀. 利用社会化标签实现 P2P 语义推荐. 图书情报工作, 2011, 55(22): 110-113.

[97]　Fu W T, Kannampallil T, Kang R, et al. Semantic imitation in social tagging. ACM Transactions on

Computer Human Interaction, 2010, 17(3): 1200-1237.

[98] 沈小峰, 吴彤, 曾国屏. 论系统的自组织演化. 北京师范大学学报(社会科学版), 1993, 3: 79-88.

[99] 刘春茂, 米国伟. 基于 Web 2.0 的网络用户群"社会性"行为的系统分析. 图书情报工作, 2010, 54(20): 32-35.

[100] 万君, 顾新. 基于超循环理论的知识网络演化机理研究. 情报科学, 2012, 28(6): 1230-1232.

[101] 刘刚. 知识网络的超循环结构及协同演化. 科技进步与对策, 2007, 24(8): 145-148.

[102] 王忠义, 李纲. 人际情报网络自组织机理研究. 情报科学, 2012, 30(1): 28-33.

[103] 李鹏. Web 2.0 环境中用户生成内容的自组织. 图书情报工作, 2012, 5(16): 119-126.

[104] 任福珍, 卢桂兰. 情报信息系统的耗散结构分析. 情报杂志, 2004, 10: 71-72.

[105] Nagaya T. Constraints programmed macro model of information selection limits of information processing and the basic principle of information behavior. Electronics and Communications in Japan, 1996, 79(9): 1-14.

[106] 李枫林, 张银. 环境下基于的用户信息行为过程建模研究. 图书情报工作, 2009, 53(21): 50-54.

[107] 武慧娟. 基于知识图谱的国内外个性化信息推荐比较研究. 东北电力大学学报, 2012, 7: 30-34.

[108] 何黎, 何跃, 霍叶青. 微博用户特征分析和核心用户挖掘. 情报理论实践, 2011, 34(11): 121-125.

[109] 郭秋艳, 何跃. 新浪微博名人用户特征挖掘及效应研究. 情报杂志, 2011, 34(11): 112-116.

[110] 杰里夫·里夫金, 特德·霍华德. 熵: 一种新的世界观. 吕明, 袁舟, 译. 上海: 上海译文出版社, 1987.

[111] 胡昌平, 邵其赶, 孙高岭. 个性化信息服务中的用户偏好与行为分析. 情报理论实践, 2008, 31(1): 4-6.

[112] Maslow A H. Motivation and Personality. New York: Addison Wesley Longman, 1987: 56-61.

[113] 谢海涛, 孟祥武. 适应用户需求进化的个性化信息服务模型. 电子学报, 2011, 39(3): 643-648.

[114] 胡昌平, 胡吉明. 网络服务环境下用户关系演化规律研究. 中国图书馆学报, 2011, 3: 004-010.

[115] 让·梅松纳夫. 群体动力学. 殷世才, 孙兆通, 译. 北京: 商务印书馆, 1997.

[116] Rheingold H. The Virtual Community: Homesteading on The Electronic Frontier. New York: Addison-Wesley, 1993: 334.

[117] 王连喜, 蒋盛益, 庞观松. 微博用户关系挖掘研究综述. 情报杂志, 2012, 31(12): 91-97.

[118] 张莉. 社会网络视角下的用户关系与信息服务体系研究. 情报科学, 2013, 31(7): 41-45.

[119] 胡吉明, 张蔓蒂, 黄如花. 社会网络环境下用户关系对信息传播的影响作用. 情报杂志, 2013, 32(6): 181-185.

[120] 曾国屏, 李宏芳, 张再兴. 网络空间中主客体关系的演化规律及其对思想政治教育的启示. 思想理论教育导刊, 2006, 1: 37-41.

[121] 布朗. 群体过程. 胡鑫, 庆小飞, 译. 北京: 中国轻工业出版社, 2007.

[122] Granovetter M S. The strength of weak ties. American Journal of Sociology, 1973, (78): 1360-1380.

[123] Yin D, Hong L. Structural link analysis and prediction in microblots. Proceedings of 20th ACM Conference on Information and Knowledge Management(CIKM 2011), 2011, 10: 24-28.

[124] 王晓光. 微博社区交流网络结构的实证分析. 情报杂志, 2011, 30(2): 199-203.

[125] 王晓光. 微博客用户行为特征与关系特征实证分析. 图书情报工作, 2010, 54 (14): 66-70.

[126] Lin N. Social Capital: A theory of Social Structure and Action. Cambridge: Cambridge University Press, 2001: 102.

[127] 张鼐, 周年喜. 社会资本和个人动机对虚拟区知识共享影响的研究. 情报理论实践, 2012, 35(7): 56-60.

[128] Ma M, Agarwal R. Through a glass darkly: Information technology design, identity verifycation, and knowledge contribution in online communities. Information Systems Research, 2007, 18(1): 42-67.

[129] Metzger M J. Making sense of credibility on the Web: Models for evaluating online information and recommendations for future research. JASIST, 2007, 58(13): 2078-2091.

[130] Azzedin F, Maheswaran M. Evolving and managing trust in grid computing system. IEEE Canadian Conference on Electrical&Computer Engineering, 2002, 3: 1424-1429.

[131] Dondio P, Barrett S. Computational trust in Web content quality: A comparative evaluation on the Wikipedia project. Informatica, 2007(31): 151-160.

[132] Wang Y, Vassilveva J. Trust and reputation model in peer-to-peer networks. Proceedings of the 3rd International Conference on Peer-To-Peer Computing, 2003: 150-157.

[133] 廖成林. 虚拟营销中信任关系的影响因素与机制. 管理世界, 2004, 6: 149-150.

[134] 张喜征. 基于虚拟社区的网络信任管理模式研究. 情报杂志, 2006, 4: 20-22.

[135] 辛自强, 高芳芳, 张梅. 人际——群际信任的差异: 测量与影响因素. 上海师范大学学报, 2013, 42(1): 76-79.

[136] Song F. Trust and reciprocity behavior and behavioral forecasts: Individuals versus group representatives. Games and Economic Behavior, 2008, 62: 675-696.

[137] 张玥, 朱庆华. 学术博客交流网络的核心-边缘结构分析实证研究. 图书情报工作, 2009, 53(53): 25-29.

[138] 刘军. 整体网分析讲义. 上海: 世纪出版集团, 2009: 7.

[139] 宗刚, 赵晓东. 基于 K-核分析的中国啤酒品牌二分网络结构研究. 北京工业大学学报, 2013, 39(6): 936-940.

[140] 任卓明, 刘建国, 邵凤, 等. 复杂网络中最小 K-核节点的传播能力分析. 物理学报, 2013, 62(10): 1-4.

[141] 陈忠, 盛毅华. 现代系统科学. 上海: 上海科学技术文献出版社, 2005.

[142] 苏越, 谢新观, 杨武金. 思路 逻辑 创造方法. 北京: 中央广播电视大学出版社, 1993.